Get Writing
겟라이팅 1

겟라이팅 1 — 스토리북을 만드는 방법 25가지
Get Writing

초판 1쇄 인쇄일	2013년 1월 3일
초판 1쇄 발행일	2013년 1월 13일

지은이	폴 존슨
옮긴이	김현아
펴낸이	권성자
펴낸 곳	도서출판 아이북

본문 표지 디자인	김지연
마케팅	김정우 이사
관 리	백주선, 최정미

주 소	서울 마포구 희우정로13길 10-10, 1F
전 화	02-338-7813
팩 스	02-6455-5994
출판등록번호	10-1953호 등록일자 2000년 4월 18일
이메일	ibookpub@naver.com
홈페이지	www.makingbook.info

값 15,000원

ISBN 978-89-89968-72-6 13800

Get Writing 1

by Paul Johnson
Original English edition was published by A&C Black Limited
Korean translation edition ⓒ Ibook Publishing Company 2008
This Korean edition was published by arrangement with
A&C Black Limited c/o Paul Johnson
through Best Literary & Rights Agency, Korea.
All right reserved

* 이 책의 한국어판 저작권은 베스트 에이전시를 통한
A&C Black c/o Paul Johnson과의 독점 계약으로
도서출판 아이북이 소유합니다.
이 책은 신저작권법에 따라 한국에서 보호되는 저작물이므로
저작권자의 서면 허락없이 게재, 복사, 전파, 전산 장치에 저장할 수 없습니다.

Get Writing
겟라이팅 1
스토리북을 만드는 방법 25가지

폴 존슨 지음 / 김현아 옮김

차례
Contents

- 추천의 글 ········6
- 이 책을 만들면서 ········8
- 책만들기 활동 전에 알아야 할 것들 ········9
- 기본형 책만들기 ········14
- 책만들기와 교과과정 ········17

프로젝트
The Projects

1. 모양 책 1 - 건물 ········22
2. 모양 책 2 - 사람 ········25
3. 뒤집는 책 - 자동차와 개구리 ········28
4. 궁전 책 ········31
5. 성 책 ········34
6. 윤곽선 책 ········37
7. 접는 책 - 폴드북 ········40
8. 동물책 1 ········42
9. 동물책 2 ········45
10. 접는 주머니 - 포켓북 ········48
11. 접는 카드 ········51
12. 깜짝 카드 ········54

13. 무대 책 ········58
14. 팝업 무대 책 ········61
15. 배경막 팝업 책 ········64
16. 탑팝업 책 ········68
17. 퍼즐 책 ········71
18. 책등 꾸밈 책 ········75
19. 표지 책 ········78
20. 실 제본 책 ········81
21. 철한 책 ········84
22. 아코디언 책 ········87
23. 이야기 상자 ········90
24. 연꽃 책 ········93
25. 불꽃 책 ········97
교실 이야기 ········100

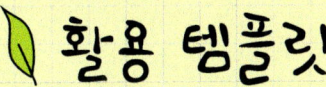
활용 템플릿
The Templates

8쪽 지그재그 책 템플릿 ········105
8쪽 오리가미 책 템플릿 ········106
6쪽 오리가미 책 템플릿 ········107
16쪽 성냥갑 책 템플릿 ········108

추천의 글

'메이킹북'에서 '스토리 메이킹'을 더한 폴 존슨의 새로운 책만들기 책

● 폴 존슨의 새 책이 반갑습니다. 종이예술가이자 북아트교육가인 폴 존슨은 10여 년 전 『메이킹북』으로 우리에게 책만들기의 즐거움과 놀라움을 안겨주었지요. 그가 이번에는 책 형태뿐 아니라 그것에 '스토리 메이킹'을 더한 『겟라이팅』을 들고 찾아왔습니다. 아이들이 여러 가지 모습의 책을 만드는 것은 물론 그 책 안에 스스로 글쓰기까지 하는, 한 걸음 더 나아간 '책만들기 책'입니다.

『겟라이팅』은 초등학교 전 학년에 다 어울립니다. 얼핏 1권은 낮은 학년, 2권은 높은 학년용 같아 보이지만, 꼭 그렇지는 않습니다. 두 권에 소개된 책만들기의 형식과 내용을 보면 정말이지 다종다양, 별별 책들이 줄줄이 나옵니다. 그것들을 보다 깊고 넓게 적용할라치면 중학생은 물론 고등학생과 성인들도 즐겁고 신나게 책 만들며 놀 수 있습니다. 폴 존슨은 참으로 다정다감하게 그렇게 노는 방법을 알려줍니다.
이 책, 노작교육에 안성맞춤입니다. 종이 다루기부터 글쓰기까지, 그림 그리기부터 제본까지, 그야말로 책만들기 종합 체험 세트입니다. 아이들의 몸을 움직이게 하고 창의력을 키워주며 자신감을 심어주는 체험입니다. 이 책에 소개된 여러 아이들의 실제 체험(작품)을 보자니 자못 놀랍고 신통방통합니다. 그들은 뚜렷한 생각과 독창적인 주제를 내보입니다. 솔직하고 가끔은 엉뚱하게 저마다 갖가지 이야기를 들려줍니다. 아, 아이들에게 발상의 기회를, 표현할 기회를 자꾸자꾸 줘야겠구나, 새삼 생각하게 합니다. 늘 어른들이 늦습니다.
『겟라이팅』이 학교도서관에서 널리 '쓰이길' 바랍니다. 이 책은 서가에 꽂아 두고 이 사람 저 사람이 돌아가며 볼 책이 아닙니다. 쓱 훑어보면 그만인 책도 아닙니다. 알

다시피 이 책은 그냥 읽기만 하면 아무 소용없습니다. 이 책을 따라 하여 또 다른 책을 만드는 데 이 책의 본디 쓰임새가 있으니까요. 그렇게 '쓰이길' 바랍니다. 그런데 왜 학교도서관에서?! 그곳이 통합교육 최적의 장소이기 때문입니다. 『겟라이팅』은 미술과 국어의 만남이랄 수 있겠는데, 학교도서관은 미술교과와 국어교과가 언제든 만날 수 있는 곳입니다. 그곳에는 미술 관련 책과 국어 관련 책이 얼마든지 있습니다.

뿐인가요. 학교도서관에는 사서(교사)가 있어 담임교사나 교과교사가 사서(교사)와 손잡고 아이들과 책만들기를 할 수 있습니다. 사서(교사)는 아이들 글쓰기의 바탕이 되는 정보원을 알려주는 길잡이입니다. 이 책에 소개된 '그리스 신화 팝업', '역사 건물 팝업'을 한번 보세요. 이들 책을 만들려면 내가 다룰 신화와 역사, 건물을 알아야 이야기를 짓고 글쓰기를 할 수 있습니다. 그와 관련한 자료를 찾는 길잡이가 아이들 곁에 있으면 얼마나 좋겠습니까. 교과교사와 사서(교사)가 학교도서관에서 이 책으로 만나면 그대로 하나의 협력수업이 될 것입니다.

우리 아이들이 『겟라이팅』을 즐기길 바랍니다. 아이들이 저 스스로 캐릭터와 스토리를 지어내 나만의 책을 만드는 값진 체험을 하도록 이끌어 주세요. 그리고 함께 즐기세요. 교사와 부모가 함께하는 책만들기는 아이들에게 '스스로'와 '더불어'라는 참 사람의 가치를 자연스레 깨닫게 할 것입니다. 몸소 종이 접기와 자르기로 시작하여 글쓰기에 이르는 노작은 아이들에게 씨 뿌려 열매 거두는 일의 보람까지 일깨우리라 생각합니다. 직접 책을 만들어 보는 일이 아이들을 '평생 독자'로 길러내는 데 알게 모르게 도움이 된다면 더할 나위 없겠습니다.

연 용 호 〈학교도서관저널〉 편집주간

Introduction

이 책을 만들면서

어린이들이 자기 스스로 만든 책에다 글을 쓰고 그림을 그리는 일은 마법과 같습니다. 글쓰기를 시작한 지 얼마 되지 않았는데도 그 어떤 일보다 힘들어하는 아이들이 있습니다. 하지만 나만의 책 — 특히 팝업 책이나 날개를 들어올리는 플랩북 — 을 만들면서 글쓰기를 연습하게 되면 아이들은 달라질 수 있습니다.

게다가 책만들기는 이야깃거리를 만들어내고 정보를 모으며 여러 조건에 맞춰 어떤 것을 집어넣을지를 선택해 글과 그림을 통합하는 구체적인 토대를 마련해줍니다.

아이들은 학교에서 자신이 만든 책을 매우 자랑스러워하며 집에 가져가서 가족과 친구들에게 보여주고 싶어합니다. 최근 초등교육에서 잃어버린 것들 중 하나가 바로 학습과정의 개인적이고 사회적인 측면 — 창조적인 부분과 기술 습득이 별개인 — 입니다. 이 책에 나오는 프로젝트들은 아이들이 직접 몸을 움직이게 할 것이며, 분명 글을 쓰고 싶은 욕망이 생기도록 해줄 것입니다.

폴 존슨

책만들기 활동 전에 알아야 할 것들

The projects
프로젝트 진행하기

이 책은 여러 가지 프로젝트를 진행할 수 있도록 꾸며져 있습니다. 각 프로젝트는 기본형 책의 구조를 만드는 것에서부터 출발해서 기본형 책을 다양하게 변형시키는 것으로 옮겨갈 수 있습니다. 여기에 나온 책 만들기 방법 모두 앞에 소개된 것보다 더 어렵지 않습니다. 그러므로 모든 책만들기가 여러 연령의 아이들에게 적합하다고 할 수 있습니다.

또한 프로젝트들이 글쓰기의 난이도 순으로 되어 있지 않습니다. 그러므로 자신이 구상하고 있는 주제와 주제에 따른 작업 — 글의 길이가 짧은지 혹은 중간 정도의 길이인지까지 포함하여 — 에 어떤 책 아이디어가 알맞을지 결정해서 하면 됩니다.

Showing children how to fold
아이들에게 접는 방법 설명하기

아이들이 유아인 경우는 아주 천천히 접는 과정을 보여주는 것이 중요합니다. 또한 접는 순서를 반복해서 보여주는 것이 좋습니다. 먼저 아이들이 지켜보는 앞에서 한 번 접어 보입니다. 그리고 아이들에게 따라 접게 하면서 다시 접습니다. 빨리 이해하는 아이들이 있는가 하면 더디게 이해하는 아이들이 있기 때문입니다.

빨리 이해하고 잘 따라 접는 아이는 그렇지 못한 아이와 짝을 이루게 할 수 있습니다. 그러면 어려운 부분이 나왔을 때 짝이 도와줄 수 있을 것입니다. 접는 도중에 문제가 생길 수 있으므로 항상 여분의 종이를 준비해 두어야 합니다. 그리고 왼손잡이 아이들을 위해 접는 방법을 왼손과 오른손으로 바꾸어 보여주어야 한다는 점도 기억해두기 바랍니다.

Making the books-who does what?
책만들기 – 누가 무엇을 만들까?

어떤 다섯 살짜리 아이들은 열 살짜리 아이들보다 훨씬 더 독창적으로 책을 만들기도 합니다. 그러므로 기초가 탄탄한 아이들은 아주 빠르게 접는 방법을 익힐 수 있습니다. 그리고 짧은 시간 안에 정확하게 접기를 합니다. 대부분의 아이들은 기본적인 가위 오리기 기술과 기본형 아코디언 책 만들기를 쉽게 익힙니다. 이런 기술을 습득하고, 익숙해지려면 반복하는 것이 가장 중요합니다.

하지만 어떤 한 아이가 책만들기에 지나치게 시간이 많이 걸리거나 교사가 만들어 주어야 하는 부분이 반드시 필요해지는 상황이 생기기도 합니다.

그럴 때는 각각의 프로젝트마다 '다양한 오리기'라는 제목으로 소개해놓은 시간을 절약하는 접기와 오리기 방법을 참조하면 됩니다. 여기 나온 방법대로 하면 빠르게 책을 만들 수 있어서 수업 준비를 할 때 시간을 절약할 수 있습니다. 그러나 **여기 나온 방법은 아이들을 위한 것이 아니고 교사를 위한 것임을 명심해야 합니다.** 정석이라고 할 수 없는 이런 식의 접기는 미리 기본접기를 해놓아야 하는 교사들을 위한 것이지 접기나 오리기를 제대로 배우고 적용해야 하는 학생들이 사용할 만한 방법은 아닙니다.

Rough and finished models
연습 모형과 완성 모형 만들어 보기

아이들은 완성 책을 만들기에 앞서 자기가 만들 책이나 책 안에 적용되는 팝업의 모형을 A4 크기의 용지에 미리 만들어 볼 수 있습니다. 대강의 연습 작품을 만들어보면서 접기와 오리기 방법을 익힐 것입니다. 또한 집으로 가져가 가족과 친구들에게 이런 형태의 책을 만든다는 점을 보여주도록 합니다.

Materials and equipment
재료와 도구 알아보기

- **종이** PAPER

복사용지가 연습 모형을 만드는 데는 적당하지만 완성된 작품을 만들 때는 좀더 좋은 재질의 종이를 사용하라고 권하고 싶습니다.

- **종이 크기** PAPER SIZE

이 책에 제시된 프로젝트를 하는 경우라도 어떤 크기로 만들 것인지 정확하게 정하기란 쉽지 않은 일입니다. 아주 어린 아이들이라면 A4 크기의 종이가 너무 작을 수 있습니다. 어린아이들이 사용하는 크레용이 두꺼운 데다 넓게 칠하기 때문에 더 큰 종이가 필요할 것입니다. 하지만 여섯 살 난 아이들 중에는 간혹 아주 작은 판형으로 책을 만들고 싶어할 수도 있습니다. 또 종이가 너무 클 경우 위축되는 아이들도 있습니다.

프로젝트 자체의 특성상 특정한 크기의 종이가 필요한 경우도 있으므로 책마다의 특징을 잘 살펴보시기 바랍니다.

• 도구 TOOLS

일반적인 프로젝트의 경우 대체로 가위가 반드시 필요하지만 형태에 따라서는 자나 풀도 있어야 합니다. 투명풀은 얇은 종이로 연습 모형을 만들 때 적당하지만 좀더 두꺼운 종이와 팝업에는 PVA 접착제를 쓰는 것이 좋습니다. '프로젝트 18 - 책등 꾸민 책'을 만들 때는 긴 스템플러가 필요하고 '프로젝트 20 - 실 제본 책, 21 - 철한 책'을 할 때는 북바인더용 송곳이 필요합니다.

교사가 아이들에게 미리 책을 만들어줄 때는 가위를 사용하는 것보다 금속자를 대고 공예칼로 오리면 훨씬 더 깨끗하게 자를 수 있습니다. 또한 많은 양을 한꺼번에 오릴 때도 이 방법이 훨씬 더 빠릅니다.

가위를 사용할 때 안전을 위한 유의사항을 말해주는 것도 잊지 말아야 합니다.

* 사용하지 않는 가위는 벌려놓지 않도록 합니다.
* 자르는 방향 아래쪽을 잡고 오립니다.
* 종이를 자를 때 가위가 종이 아래에서도 보이도록 합니다.

• 미술 도구 ART MATERIALS

아주 어린 아이들에게는 연필과 크레용이 적당하고, 좀더 큰 아이들에게는 색사인펜과 미술용 연필이 좋습니다. 그림을 직접 그리는 대신 사진과 콜라주, 프린트한 자료들을 사용할 수도 있습니다.

Writing
글쓰기

나는 함께 생각하는 글쓰기와 적당한 글쓰기 틀을 제안하고 있습니다. 일반적으로 과제는 점차적으로 깊어지는 것이어야 합니다. 예를 들어 아주 어린 아이들은 첫 번째 프로젝트에서 문과 창문을 나타내는 기호를 만들다가 점차적으로 '문', '창문'이라고 이름을 붙이게 됩니다. 그런 다음에는 간단하게 설명하는 글을 달기 시작합니다.

'우리 집'은 점차 발전하여 "여기가 우리 집이에요"가 되고 그 다음 "우리 집 부엌에는 가스레인지와 냉장고가 있어요"라는 식의 더 복잡한 문장으로 변하게 됩니다. 기본형 아코디언 책에서 볼 수 있는 독특한 특징 중 하나가 한 면만 보이도록 접을 수 있다는 것입니다. 그래서 여러 아이들이 특정한 공간에서 동시에 한 면을 펼쳐놓고 차례대로 이야기를 만들어 갈 수 있습니다.

초안(이야기의 기초)을 잡고 글쓰기를 준비하는 일은 아주 빠르게 이루어지는 것이 좋습니다. 글쓰기의 첫단계에서 아주 순식간에 이루어져야 한다는 점이 중요하기는 하지만 여섯 살 또래의 아이들에게는 초안 잡기 형식을 갖춰서 하는 것이 좋습니다. 아래에 설명해놓은 초안 잡기의 방법은 글쓰기를 가르치기 위한 책만들기에서 활용하는 데 아주 적당한 방법이 될 것입니다.

• **초안 잡기 책** HIDDEN DRAFTING BOOKS

1. 기본형 지그재그 책을 만들어 2~5쪽까지 쪽번호를 매깁니다.
2. 접힌 뒷부분을 위로 펼친 다음, 가운데 중심선에 맞춰서 종이를 위에서 아래로 내려 접습니다.
3. 내려 접은 부분을 한 번 더 내려 접고 거기에 2~5쪽까지 쪽번호를 매깁니다. 그렇게 하면 아이들이 이 부분에 초안을 만들어본 다음 완성된 내용을 아래 면에 만들 수 있습니다.
4. 완성하고 나면 종이를 펼치고 다시 기본형 책으로 만듭니다. 그리고 글을 완성한 윗부분에 그림을 그리도록 합니다.

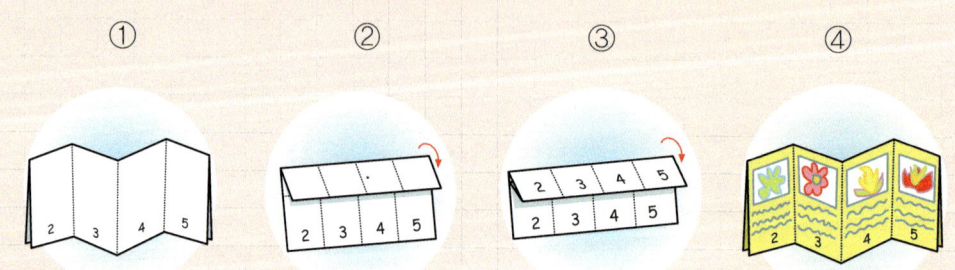

보이지 않는 면을 활용해 초안을 쓰는 방식의 좋은 점은 초안을 그대로 보관할 수 있다는 것입니다. 완성된 작품 가까이에 둘 수 있으면서 겉으로 보이지는 않기 때문에 교사나 학생 모두 평가를 할 때 바로 찾아볼 수 있습니다.

필요하다면 초안으로 쓰이는 면마다 글쓰기 틀 하나를 덧붙이면서 사용해 보세요 (예를 들어 이것은 나의…). 종이를 펼쳐서 글쓰기 틀을 옮겨 쓰게 한 다음, 접어서 초안을 쓴 부분이 보이지 않게 합니다. 아이들은 미리 붙여진 글쓰기 틀을 완성할 수 있고, 아랫부분에 문장을 옮겨 쓸 수도 있습니다. 책을 다시 접은 뒤에 글을 쓴 윗부분의 빈 공간에 그림을 그려 책을 완성하면 됩니다.

Style
디자인

테두리 안에 글이나 그림, 도표가 들어가 있으면 훨씬 더 보기가 좋습니다. 버리게 되는 두꺼운 과자상자를 가지고 한 면보다 2cm 작은 템플릿(모양 틀)을 만듭니다. 그 템플릿을 한 면 가운데에 놓으면 테두리를 쉽게 그릴 수 있습니다.

Making your own instruction book
교사 스스로 '자기만의 지침서' 만들기

교사는 어떤 모양으로든 앞으로 진행할 프로젝트에 적합한 자신만의 지침서를 만드는 것이 필요합니다. 6~7쪽 정도 되는 책을 만들어 여러 가지 글쓰기 틀과 제목, 설명글이 들어가게 합니다. 아이들에게 보여줄 것이므로 윗부분과 아랫부분이 거꾸로 되게 준비해야 한다는 점을 잊지 않도록 합니다. 여백, 특히 가장자리 여백을 넉넉하게 남겨두어야 한다는 점도 명심하십시오.

Displaying work
작품 전시하기

책은 읽는 동시에 보는 것입니다. 이 책에 나오는 프로젝트 중에서 몇 가지는 전시공간에 진열했을 때 전체가 다 보이도록 앞의 4개의 면에만 글을 쓰거나 그림을 그리게 되어 있습니다. 아이들이 만든 책을 모두 모아놓은 다음, 가로 세로로 혹은 사선 등 다른 방식으로 전시해 보세요. 가능하다면 출판된 책과 아이들의 책을 함께 모아 전시해보는 것도 좋습니다. 그렇게 하면 아이들은 스스로 만든 책을 하나의 전통, 하나의 문화로 볼 수 있게 됩니다. 또 몇백 년을, 몇천 년을 거슬러 올라가서 그때도 존재하는 소통방식이라는 것을 알 것입니다.

Making the basic books

기본형 책만들기

The zigzag book
지그재그 책

8쪽짜리 지그재그 책 — 책만들기 중에서 가장 쉽고 종이 한 장만 있으면 만들 수 있는 — 은 이 책에 나오는 많은 프로젝트를 진행하는 데 기본이 됩니다. 4개의 면이 나오는 책 모양은 얼마든지 여러 가지 방식으로 활용할 수 있습니다. 네 명의 가족 얼굴을 그려넣고 소개해보기, 옛이야기를 4개의 에피소드로 나누어서 다시 쓰기, 4계절을 표현해내는 시 쓰기, 좋아하는 장난감 네 가지를 설명해 보기, 농장을 방문했을 때 가장 즐거웠던 일 4가지 쓰기 등 셀 수 없이 많을 것입니다.

물론 뒷면도 본문으로 활용할 수 있지만 뒷면은 표지로 활용하는 것이 더 좋습니다. 게다가 면에 문과 날개 모양이 들어가게 되면 설명하는 공간이 더 많이 필요하게 될 테니까요. 또 가위 외에 다른 재료나 도구를 사용하지 않고, 글이나 그림 설명글을 만드는 공간이 필요할 수도 있습니다.

1. A4 크기의 종이 한 장을 가로로 길게 놓고, 오른쪽에서 왼쪽으로(왼손잡이라면 반대 방향으로) 반 접습니다.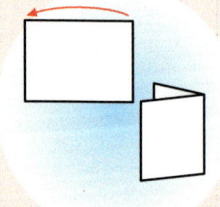

2. 반으로 접은 종이를 가로로 돌려놓은 다음, 다시 가로로 오른쪽에서 왼쪽으로(왼손잡이라면 반대 방향으로) 접어야 합니다. 접었던 것을 다시 펼쳐놓습니다.

3. 가로로 놓은 상태에서 위에서 아래로 내려 접고 종이를 완전히 펼칩니다.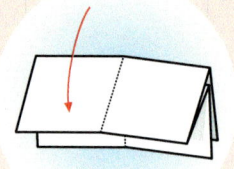

4. 펼친 종이를 세로 방향으로 놓고 다시 반으로 접은 다음 지그재그로 접어서 책을 완성합니다.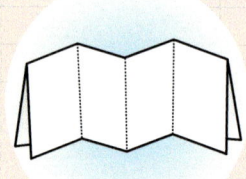

→ 해심(5세)이 만든 「날씨」입니다. 해심은 지그재그 책의 앞쪽 4개의 면에 맞게 흐린 날, 개인 날 등 각기 다른 날씨를 설명하고 있습니다. 그리고 뒤쪽 가운데 양 면에는 자신이 좋아하는 날씨와 싫어하는 날씨를 각각 실었습니다. 양면은 앞표지와 뒤표지가 됩니다.

The origami book
오리가미 책

 간단한 지그재그 책에서 확장된 것이 일반적으로 오리가미 책이라고 알려진 것입니다. 기본형 지그재그 책을 딱 한 번 오리고, 약간 다른 접기 방식을 이용하면 환상적인 3개의 펼침면이 연결된 책이 만들어집니다.

 1. 지그재그 책을 펼쳐서 가로 방향으로 길게 놓고 반을 접습니다. 접은 선의 가운데에서 중심선까지 오립니다.

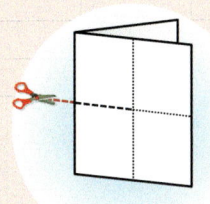

 2. 종이를 펼친 다음, 세로 방향으로 반을 내려 접습니다. 그런 다음 왼쪽과 오른쪽 가장자리를 잡고 가운데를 향해 함께 밀어줍니다.

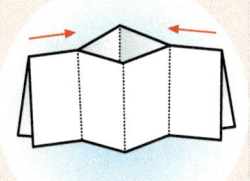

 3. 그림처럼 각각의 면을 접어서 책을 완성합니다.

지 기본형 책 중에서 어떤 것이 진행하는 프로젝트에 더 잘 맞는지 신중하게 선택하는 것이 중요합니다.

 1. A4 크기의 종이를 세로로 길게 놓고 위에서 아래로 반을 접었다가 펼칩니다.

 2. 오른쪽에서 왼쪽으로(왼손잡이라면 반대 방향으로) 접었다가 펼칩니다.

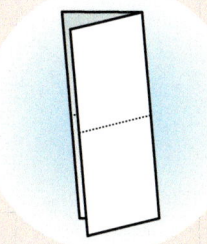

 3. 왼쪽 가장자리에서 접은 선의 가운데에서 중심선까지 오립니다.

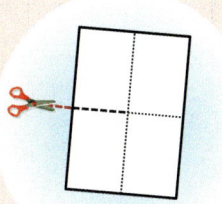

 4. 종이를 세로로 길게 놓고, 위에서 아래로 내려 접습니다. 그런 다음 왼쪽 앞에 있는 종이는 앞으로, 왼쪽 뒤에 있는 종이는 뒤로 접어주면 책이 완성됩니다.

The four - page book
4쪽짜리 책

 8쪽짜리 지그재그 책이나 오리가미 책 외에 쪽수는 적지만 책이 더 큰 형태를 만들 수도 있습니다. 2가

→ 아담(6세)이 만든 「우리 운동장」입니다. 반 아이들 모두가 자신들의 운동장을 새로 디자인하는 작업에 참여했습니다. 4쪽짜리 책의 왼쪽에는 운동장에서 이제까지 할 수 있었던 놀이에 대한 설명과 그림을 그려 놓았고, 오른쪽에는 앞으로 하고 싶은 놀이에 대한 계획을 글과 그림으로 보여주고 있습니다.

Making a basic book template
기본형 책 레이아웃 템플릿 만들기

미리 글이 들어갈 자리에는 줄을 긋고, 그림이나 도표가 들어갈 자리에는 테두리를 만들도록 합니다. 8쪽짜리 지그재그 책과 오리가미 책을 만들 때 필요한 레이아웃 템플릿은 99쪽과 100쪽에 만들어놓았습니다. 또한 6쪽짜리 책을 만들 때 필요한 템플릿은 101쪽에 나와 있습니다. A4 크기의 용지에 복사해서 사용하면 되고, 필요할 경우 A3 크기의 용지에 확대 복사해서 사용할 수도 있습니다. 글을 쓰는 기량이 늘게 되면 책 한 권은 초안 — 그림 공간과 왼쪽 여백에 교사의 설명과 학생들에게 필요한 편집사항이 들어가 있는 —, 다른 한 권은 남들에게 보여 줄 작품을 만들도록 합니다.

→ 교사가 디자인한 숫자 책. 이 교사는 작은 오리가미 책을 직접 만들고, 반 아이들에게 이 책을 복사해 나누어 주었습니다. 아이들은 글을 따라서 쓰고, 그림에 색칠을 하였습니다.

Book covers
책 표지 만들기

아이들이 자기가 만든 책 표지에 제목을 넣을 공간을 만드는 데 도움을 주려면 중심선 정하는 방법을 사용해보세요. 책 표지 한가운데 선을 세로로 내려 긋습니다. 그렇게 내려 그은 중심선 위에 책 제목과 작가 이름의 가운데 글자를 씁니다. 아니면 중심선을 가운데 글자 다음에 띄어쓰는 공간으로 정합니다. 가운데 글자를 중심으로 제목을 오른쪽으로 끝까지 쓰고, 이번에는 반대로 왼쪽으로 첫 글자까지 써 나갑니다. 이것을 중심으로 위쪽과 아래쪽에 글자를 꾸며 나가면 보기 좋은 표지를 만들 수 있습니다.

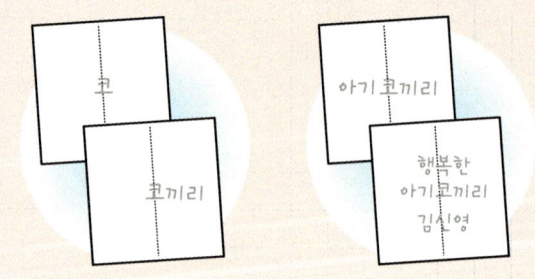

Making books and the curriculum

책만들기와 교과과정

이 책은 아이들로 하여금 교과과정을 통합하여 자신들이 가지고 있는 글쓰기 기량을 발휘하고, 동시에 최대한 향상시킬 수 있도록 도울 것입니다. 언어나 수, 과학, 자연, 역사, 세계, 미술과 디자인 등 여러 영역과 관련하여 책만들기를 할 기회를 가질 수 있을 것입니다.

아이들이 만드는 책은 내용 면에서 보면 여러 가지 종류의 픽션(꾸며낸 이야기)과 논픽션(사실 이야기) 글쓰기와 관련이 있습니다. 즉 그림이나 도표 설명글 달기, 명칭 붙이기, 보고서 작성하기, 열거하며 이야기하기, 운이 있는 시 짓기, 익숙한 배경으로 이야기 만들기, 등장인물 연구하기 등 그 내용이 아주 다양합니다.

여기에 나와 있는 표는 만 네 살에서 일곱 살 된 아이들이 쓸 만한 내용을 모은 것입니다. 프로젝트마다 나와 있는 '겟라이팅 (이렇게 활용하세요!)' 부분과 관련한 교과과정과 주제들을 보여주고 있습니다. 이 모든 활동들은 스스로의 활동을 예측하고, 문제를 해결하는 수량적 사고능력을 향상시켜 줄 것입니다.

또 아이들은 이 활동들을 통해서 평면과 입체로 된 모양, 패턴과 공간에 대한 인지능력을 개발할 수 있습니다. 아이들은 대부분 활동을 할 때 수를 세야 하고, 한 권의 책을 만들려면 집중해서 정사각형 또는 직사각형을 그리거나 많은 줄을 그어야 하기 때문입니다. 또 '반으로 접기' 등을 할 때 자연스럽게 나누기에 관심을 갖게 될 것입니다.

일단 여기에 나온 활동들을 하게 되면 여러 교과 영역과 주제에 쉽게 적용할 수 있다는 것을 깨닫게 될 것입니다.

책	읽고 쓰기 - 여러 유형의 글쓰기	주제
1 모양 책 1	* 명칭 붙이기 * 그림 설명글 달기 * 이야기 다시 쓰기 * 열거하며 이야기하기 * 논픽션 글쓰기 * 비연대기 순으로 되어 있는 보고서 작성하기 * 이야기 배경 만들기 * 결말을 바꾸는 글쓰기 * 알려진 이야기의 속편 쓰기	* 교회 답사 * 유명지 답사 * 학교 주변에는 무엇이 있을까 * 옛날에는 집이 어땠을까 * 우리 집 * 건물들이 말을 할 수 있다면
2 모양 책 2	* 그림 설명글 달기 * 간단한 논픽션 책 만들기 * 보고서 작성하기 * 등장인물 소개 글과 스케치하기	* 우리 몸 * 건강과 성장 * 크리스마스 * 학교 주변에 있는 것들 * 플로렌스 나이팅게일 * 무엇을 선택할까 * 도움을 주는 사람들 * 자화상 * 과일과 야채를 많이 먹자

3 뒤집는 책	* 간단한 그림 이야기책 꾸미기 * 확장된 그림 설명글 달기 * 질문하기 * 정보 모으기 * 유명한 이야기의 배경 만들기 * 논픽션 글쓰기 * 비연대기 순으로 되어 있는 보고서 작성하기	* 식물과 동물 * 변이 * 우리와 동물들 * 탈것
4 궁전 책	* 그림 설명글 달기 * 명칭 붙이기 * 등장인물 소개 글과 스케치하기 * 비연대기 순으로 되어 있는 보고서 작성하기 * 묘사하기 * 평가하기 * 목록 작성하기	* 교회 답사 * 유명지 답사 * 오래된 교회 건물들 * 기념일 - 크리스마스 * 기념일 * 바다 여행 * 세계를 여행할 수 있는 여권 * 건물이 말할 수 있을까
5 성 책	* 그림 설명글 달기 * 명칭 붙이기 * 목록 작성하기 * 이야기 다시 쓰기 * 묘사하기 * 비연대기 순으로 되어 있는 보고서 작성하기 * 무대 배경 설명하기	* 건물이 말할 수 있을까
6 윤곽선 책	* 그림 설명글 달기 * 명칭 붙이기 * 등장인물 소개 글과 스케치하기 * 논픽션 글쓰기 * 질문하기	* 빛과 어둠 * 무엇을 선택할까 * 여러 나라에서 살아보기 * 인간의 권리
7 접는 책 - 폴드북	* 편지 쓰기 * 상상하기 * 간단한 그림 이야기책 꾸미기 * 무대 배경 설명하기 * 목록 작성하기 * 중요한 것 기록하기 * 이야기 다시 쓰기 * 이야기 배경 만들기 * 운이 있는 시를 글의 모델로 삼기 * 정보 취합하기	* 바다 여행 * 장난감 * 바닷가 축제 * 건물이 말할 수 있을까 * 우리 집
8 동물 책 1	* 간단한 그림 이야기책 꾸미기 * 유명한 이야기를 모델로 활용하기 * 질문하기 * 열거하며 이야기하기 * 정보 수집하기 * 논픽션 글쓰기 * 비연대기 순으로 되어 있는 보고서 작성하기	* 식물과 동물 * 변이 * 우리와 동물 * 학교 운동장 만들기 * 대자연 * 디자이너

9 동물 책 2	* 명칭 붙이기 * 그림 설명글 달기 * 논픽션 글쓰기 * 비연대기 순으로 되어 있는 보고서 적성하기 * 간단한 그림 이야기책 꾸미기 * 정보 조사하기	* 식물과 동물 * 변이 * 우리와 동물 * 학교 운동장 만들기 * 대자연 * 디자이너
10 접는 주머니 -포켓북	* 중요한 것 기록하기 * 편지 쓰기 * 메시지 보내기 * 목록 작성하기 * 정보 기록하기	* 학교 주변에 있는 것들
11 접는 카드	* 등장인물 스케치와 소개글 쓰기 * 익숙한 배경으로 간단한 이야기 만들기 * 유명한 이야기 배경 이용하기	* 식물과 동물 * 움직이는 그림
12 깜짝 카드	* 중요한 것 기록하기 * 메시지 보내기 * 편지 쓰기 * 등장인물 스케치하기 * 홍보 글쓰기 * 여럿이 함께 글쓰기	* 크리스마스 * 기념일 * 플로렌스 나이팅게일
13 무대 책	* 간단한 그림 이야기책 꾸미기 * 등장인물 연구하기 * 유명한 이야기 사건을 다시 쓰기 * 열거하며 이야기하기 * 비연대기 순으로 되어 있는 보고서 작성하기 * 시간에 관한 말 활용하기 * 배경을 설명하고 새롭게 만들기 * 이야기의 주된 논점 찾아내기 * 알려진 이야기의 결말 바꾸기	* 크리스마스 * 기념일 * 무엇을 선택할까 * 플로렌스 나이팅게일
14 팝업 무대 책	* 명칭 붙이기 * 노래하기 * 간단한 그림 이야기 만들기 * 알려진 이야기 다시 쓰기 * 대본 읽기 * 대사 쓰기 * 대화 나누기 * 배경 활용하기 * 알려진 이야기의 결말 바꾸기	* 크리스마스 * 기념일 * 플로렌스 나이팅게일 * 작은 인형
15 배경막 팝업 책	* 무대 배경 만들기 * 대본 쓰기 * 목록 작성하기 * 메시지 보내기	* 외국에서 살아보기 * 학교 주변에 무엇이 있을까 * 섬나라에 대하여

15 배경막 팝업 책	* 중요한 것 기록하기 * 명칭 붙이기 * 그림 설명글 달기 * 확장된 그림 설명글 달기 * 소개글 쓰기	* 외국에서 살아보기 * 학교 주변에 무엇이 있을까 * 섬나라에 대하여
16 탑팝업 책	* 명칭 붙이기 * 그림 설명글 달기 * 메시지 보내기 * 중요한 것 기록하기 * 편지 쓰기 * 이야기 다시 쓰기 * 여럿이 함께 이야기 만들기 * 장면 설명하기 * 무대 배경 만들기 * 신화 읽기 * 전설 듣기	* 우리 몸의 건강과 성장 * 무엇을 선택할까
17 퍼즐 책	* 등장인물 스케치하기 * 질문하기 * 목록 작성하기 * 무대 배경 만들기 * 장면 설명하기 * 글쓰기 틀 활용하기	* 식물과 동물 * 교회답사 * 유명지 답사 * 학교 주변에 있는 것들 * 세계의 나라 비교하기 * 섬나라 알아보기 * 여권 * 이것을 그려 보자!
18 책등 꾸밈 책	* 알파벳 순으로 만든 목록 작성하기 * 명칭 붙이기 * 그림 설명글 달기 * 소개글 쓰기 * 규칙 알리기 * 간단한 시 구조 활용하기 * 알려진 시의 새로운 버전이나 확장된 버전 발표 * 수수께끼 내기 * 운이 있는 시 짓기	* 무엇을 선택할까
19 표지 책	* 그림 설명글 달기 * 명칭 붙이기 * 간단한 논픽션 쓰기 * 소개글 쓰기 * 묻고 대답하기	* 자라는 식물 * 우리 몸의 건강과 성장, 그리고 변이
20 실 제본 책	* 간단한 논픽션 쓰기 * 비연대기 순으로 되어 있는 보고서 작성하기 * 열거하며 이야기하기 * 이야기 다시 쓰기	* 논픽션 보고서와 모든 주제를 놓고 차례대로 이야기하기에 적합

21 철한 책	* 공동 창작물 * 1쪽짜리 글쓰기	* 반 전체 모둠책 만들기
22 아코디언 책	* 확장된 이야기 쓰기 * 색인 만들기 * 사전 찾기 * 알파벳 순으로 되어 있는 인명부 만들기 * 여럿이 함께 이야기 만들기(픽션, 논픽션 모두)	* 반 전체나 함께하는 모임 아이들에게 소개할 때 적합
23 이야기 상자	* 알려진 이야기 다시 쓰기 * 무대 배경 만들기	* 여러 가지 논픽션 이야기
24 연꽃 책	* 명칭 붙이기 * 그림 설명글 달기 * 메시지 보내기 * 편지 쓰기 * 중요한 것 기록하기 * 인물사진 찍기 * 무대 배경 만들기 * 목록 작성하기	* 기념일
25 불꽃 책	* 간단한 시 구조 활용하기 * 알려진 시의 새로운 버전이나 확장된 버전 발표 * 묘사하기 * 수수께끼 내기 * 알파벳 외우기	

Shape books : buildings

1. 모양 책 1 - 건물

아이들은 여러 종류의 건물들과 밀접하게 연관되어 있습니다. 무엇보다 아이들의 집, 친구의 집, 학교가 모두 건물입니다. 이 건물 모양 책은 각 면마다 다른 건물을 담아볼 수 있고, 또 건물의 여러 부분을 표현할 수도 있습니다. 예를 들면 줄지어 늘어선 가게를 나타내거나 집 안에 있는 여러 개의 방을 소개할 수도 있을 것입니다.

Make the basic buildings book

기본형 책만들기

1. A3 크기의 종이를 세로로 길게 놓고 반으로 접습니다. 그런 다음 다시 지그재그로 접습니다.

2. 각 면의 위쪽 모서리를 잘라냅니다.

△ 한꺼번에 자르기
책을 지그재그로 접은 다음 왼쪽 모서리를 한꺼번에 자르고, 오른쪽 모서리도 한꺼번에 자르면 됩니다.

겟라이팅

• 활용 1
첫째 면에 건물 하나를 그리고 그 밑에는 예를 들어 "여기는 우리 집이에요" 같은 설명글을 쓰도록 합니다. 나머지 면에도 각각 다른 건물을 그리고 밑에는 설명글을 쓰게 합니다. 마지막으로 앞 표지에 책 제목을 적습니다.

문이 있는 건물 책

1. 기본형 건물 책을 만든 다음, 종이를 펼쳐서 몇 개의 문을 오립니다. 접은 면 전체 중에서 오려야 하는 선 만 오려야 문이 만들어집니다.

2. 오린 부분의 종이를 문을 열어 접어주세요.

✿ 도움이 되는 힌트 : 완성종이에 바로 하지 말고, 연습종이를 가지고 먼저 만들어보면 자신감을 가질 수 있습니다.

겟라이팅

• 활용 2
문 안의 공간들을 활용해 여러 동물의 서식지를 알아보는 책으로 만들면 좋습니다. 예를 들어 구멍 안에 있는 쥐, 개집 안에 있는 개 등을 보여 주는 것처럼 말입니다. 이때 문의 크기를 다르게 하는 것이 좋습니다.

• **활용 3**
'문 안에는 누가 있을까요? 알아맞춰 보세요'라는 주제를 가지고 책을 만듭니다. 예를 들어 문을 열면 어떤 사람이나 동물의 이름이 나오도록 문 안에 써놓거나 그림을 그려놓으면 됩니다.

• **활용 4**
문 하나 하나에 여러 가게 이름을 붙이는 것입니다. 예를 들면 사탕가게, 장난감가게, 우체국이라는 식으로 붙이면 됩니다. 문 안쪽에는 그 가게에서 파는 물건들의 이름을 씁니다.

△ **한꺼번에 자르기**

1. 각 모서리를 자른 다음, 종이를 펼쳐서 가로로 길게 놓고 반을 접습니다.

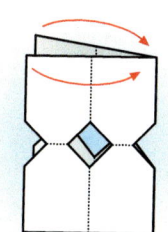

2. 세로로 난 접는 선을 따라 양끝을 다시 접습니다. 한꺼번에 아래쪽 칸에 문을 오린 다음, 앞으로 한 번, 뒤로 한 번 접었다가 펼칩니다.

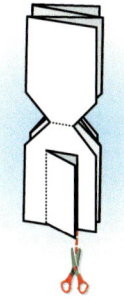

3. 그리고 다시 원래대로 접어 책을 만들면 됩니다.

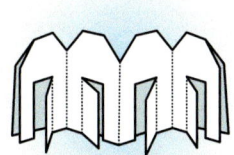

똑같은 문이 여럿 있는 건물 책

1. 기본형 건물 책을 만든 다음, 각 칸마다 가운데에 문을 하나씩 그립니다.

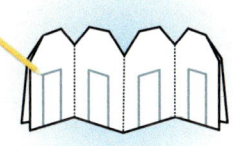

2. 종이를 펼치고 문을 오립니다.

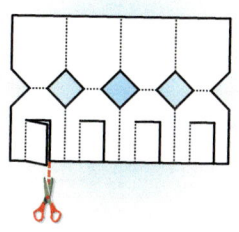

3. 종이를 다시 접어서 책을 완성합니다.

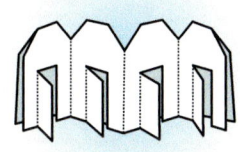

→ 샘(7세)이 만든 「아기돼지 삼형제」입니다. 이 프로젝트를 할 때 교사는 '엄마돼지가 아기돼지들에게 말했어요…'라는 첫 문장을 주고, 아이들에게 나머지를 완성하게 했습니다. 초안을 구상한 다음에는 그 내용을 첫 번째 문 안쪽에 썼습니다. 같은 형식으로 나머지 면의 문을 열면 이야기가 나옵니다.

 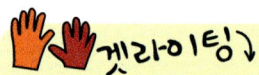

- 활용 5

「아기돼지 삼형제」 이야기를 엄마돼지의 집, 짚으로 만든 집, 나무로 만든 집, 벽돌로 만든 집 이렇게 네 부분으로 나누어 다시 써 봅니다. 바깥쪽에는 집을 그리고, 문 안쪽에 이야기를 쓰면 됩니다.

- 활용 6

집 책을 만드는 것입니다. 아이들이 방을 하나씩 그린 다음, 문 뒤쪽에는 방안의 물건 이름을 씁니다.

- 활용 7

문 하나 하나에 '나는 …가 되고 싶다'는 문장을 쓰고, 문 안쪽에는 되고 싶은 것의 자화상과 그것에 어울리는 배경을 그리게 합니다. 로켓을 타고 있는 우주비행사, 병원에서 근무하는 간호사라는 식으로 그려 나가는 것입니다.

- 활용 8

우주에서 벌어지는 모험 이야기를 만들어 봅니다. 첫째 면에는 집, 둘째 면에는 로켓, 셋째 면에는 우주정거장, 넷째 면에는 다시 집을 그립니다. 그리고 우주에서 벌어지는 모험 이야기를 문 안쪽에 쓰면 됩니다.

예를 들어 이렇게 문장을 잡아 주어 초안을 쓰게 하는 것입니다.

첫째 면 : 여기는 리아의 …
둘째 면 : 리아는 자신의 … 에서 떠났습니다.
셋째 면 : 리아는 달에서 벌어진 파티에 갔습니다. 그리고 …
넷째 면 : 집으로 돌아와서 리아는 …

여러 모양의 건물 책

기본형 건물 책을 만들어서 그림에 나온 대로 테두리를 각각 다르게 오립니다. 이때 각 면의 윗부분을 전부 오리지 않도록 해야 합니다. 그런 다음 어디에 문을 만들 것인지를 결정하고 자르면 됩니다.

→ 김동연(9세)이 만든 「도움이 되는 건물」입니다. 주변의 도움을 주는 건물 4군데를 골라 소개하고 있습니다. 그리고 문 팝업을 만들어 문을 열면 그곳이 어떤 일을 하는지를 설명해주고 있습니다. 각각의 면을 골라 장소를 정하고 문 팝업을 만들어 첫째 면에는 병원, 둘째 면에는 도서관, 셋째 면에는 과일가게, 넷째 면에는 식당을 정했습니다.

Shape books : people

2. 모양 책 2 - 사람

사람 모양 책을 활용하면 자신이 존경하는 사람이나 자신이 먹는 음식에 관한 프로젝트를 더 재미있게 공부할 수 있습니다. 여기에 플랩(들어올리기) 방식을 더하면 좀더 많은 글을 넣거나 그림을 그려 넣을 수 있는 면이 생겨나게 됩니다.

Make the basic people book

기본형 책만들기

1. 앞에 소개된 기본형 건물 책을 만듭니다.

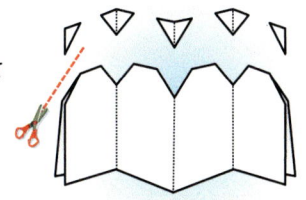

2. 각 칸의 윗부분을 머리와 어깨 모양으로 오립니다.

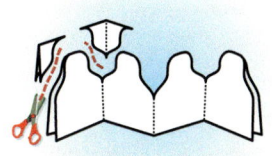

✪ 중요사항 : 머리의 꼭대기 부분은 절대로 오리지 않아야 합니다. 오리게 되면 책이 낱장으로 떨어지기 때문입니다.

△ 한꺼번에 자르기
기본형 책을 만듭니다. 접은 상태로 머리와 어깨 모양을 한번에 오립니다.

 겟라이팅↙

- 활용 1

먼저 아이들이 책의 첫 번째 칸에 가족 중 한 사람을 그립니다. 그림 아래에 '우리 엄마예요. 엄마는 산책하는 것, 초콜릿 먹는 것을 좋아해요'라는 식으로 그 사람에 대한 글을 쓰게 합니다. 가족을 다 그려넣으려면 4개의 면으로 부족할 수 있는데, 원한다면 책의 뒷면을 이용해도 됩니다.

직업 책

1. 기본형 건물 책을 만듭니다. 첫 번째 칸은 모서리를, 두 번째 칸은 머리와 어깨 모양을 오립니다.

2. 세 번째 칸 역시 모서리를, 네 번째 칸은 머리와 어깨 모양을 오립니다.

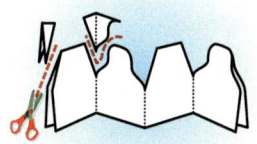

겟라이팅↙

- 활용 2

우체부 아저씨처럼 우리가 살아가는 데 도움을 주는 직업을 가진 사람들에 대해 아이들과 토론합니다. 첫 번째 칸에는 우체국을 그린 다음 설명하는 글을 쓰고, 두 번째 칸에는 우체부 아저씨를 그린 다음 설명하는 글을 쓰도록 합니다. 나머지 두 칸에는 다른 곳에서 일을 하는 직장인을 그리고 설명하는 글을 쓰도록 합니다.

- **활용 3**

한 사람이 그날그날 해야 하는 여러 가지 일들에 관해 이야기를 나누어봅니다. 2개의 면을 짝지어 한 면은 머리와 어깨 모양을, 한 면은 모서리를 오려 낸 사람 책을 만듭니다. 그런 다음 아이들이 다음과 같이 자기 책을 어떻게 만들지 계획을 세웁니다. 첫 번째 칸에는 정원사, 두 번째 칸에는 정원, 세 번째 칸에는 정원 창고, 네 번째 칸에는 온실을 그려 표현합니다.

- **활용 4**

기본형 사람 책을 활용하여 책의 한 면에 요셉, 마리아, 예수가 함께 있는 예수의 탄생 장면을 그립니다. 두 권의 다른 기본형 사람 책에는 양치기와 현자도 포함해서 만듭니다. 각 칸에 그림을 그리고 설명하는 글을 쓴 다음, 이것을 예수 탄생 장면에 끼워넣으면 됩니다.

★ 주의사항 : 예수 탄생 장면을 책으로 만든다면 각 칸의 윗부분 모두 머리와 어깨 모양으로 오려내야 합니다.

△ 한꺼번에 오리기

1. 먼저 한꺼번에 오리는 방법을 활용하여 기본형 사람 책을 만듭니다. 그리고 책을 가로로 길게 펼친 다음, 세로로 반을 접습니다.

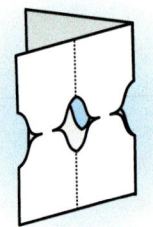

2. 다시 한 면을 세로로 접습니다. 그리고 그림처럼 아랫부분을 한꺼번에 오려 냅니다.

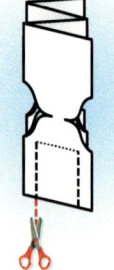

3. 오린 부분을 앞으로 한 번 접었다가 뒤로도 한 번 접어줍니다.

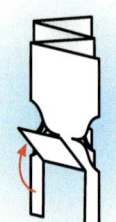

4. 종이를 펼친 다음, 접어서 지그재그 책으로 만듭니다.

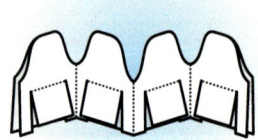

플랩이 있는 사람 책

기본형 사람 책을 만든 다음, 책을 완전히 펼쳐서 네 곳의 플랩을 오려 냅니다. 그리고 종이를 다시 책 모양으로 접으면 됩니다.

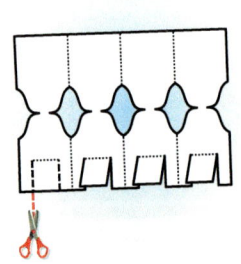

- **활용 5**

아이들과 함께 음식에 관해 생각해봅니다. 좋아하는 음식과 싫어하는 음식, 몸에 좋다고 생각하는 음식 등등에 대해 이야기를 나눕니다. 그리고 첫째 면에는 머리를 그리고, 아래쪽에 오려놓은 플랩 안에는 좋아하는 음식을 하나씩 그립니다. 플랩 바깥쪽에는 '나는 …을 좋아한다.'라는 식으로 설명글을 써넣은 다음, 플랩 안쪽에 문장을 완성할 수도 있습니다. 둘째 면부터 넷째 면까지 이런 식으로 좋아하는 다른 음식을 써넣거나 그려서 완성하면 됩니다.

• 활용 6

여기에서 좀더 확장할 수도 있습니다. 앞에 있는 플랩 두 곳에는 과일, 샐러드, 야채 같은 몸에 좋은 음식 이름을 2가지 쓰고, 나머지 두 곳에는 몸에 나쁜 음식 이름을 2가지 써서 그것을 설명할 수도 있습니다.

팔다리 달린 사람 책

이 책을 만들려면 꽤 여러 번 오려야 하기 때문에 교사가 먼저 책 모양을 만들어놓고, 아이들에게 그림을 그리고 글을 쓰는 것만 할 수 있게 하는 편이 낫습니다.

1. 종이를 가로로 놓은 다음 아래쪽을 3cm 가량 남기고 위쪽에서 내려 접습니다.

2. 이번에는 세로로 반을 접습니다. 이때 짧은 쪽이 바깥으로 나오게 해야 합니다. 다시 양끝을 뒤로 접어서 가운데 접은 선과 만나게 합니다.

3. 한꺼번에 사람 모양이 나오도록 오려 냅니다. 이때 머리의 위쪽 부분을 오리지 않도록 합니다. 또 다리 길이가 3cm를 넘지 않도록 해야 합니다.

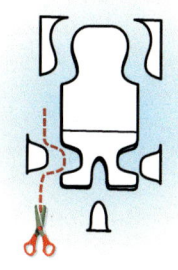

4. 그런 다음 종이를 펼칩니다. 세로로 한 번 반을 접고, 다시 반을 접습니다. 그림처럼 작은 플랩이 만들어지도록 한꺼번에 오립니다.

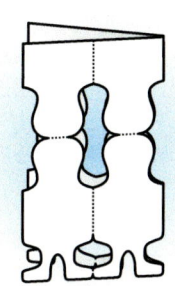

5. 종이를 전부 펼치고 가로로 접힌 선을 따라 지그재그로 접어서 책 모양을 완성합니다.

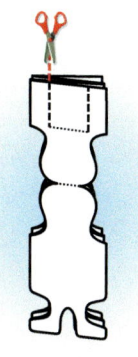

✪ 도움이 되는 힌트 : 모자나 스카프 같은 액세서리를 오려서 풀로 붙여주어도 좋습니다.

Topsy-turvy books

3. 뒤집는 책
   -자동차와 개구리

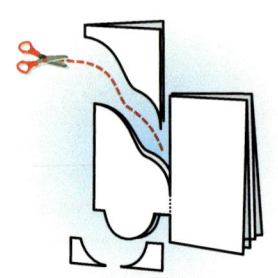

차 모양의 반을 그리고 오립니다. 펼쳐서 잘 오려졌는지 확인한 다음, 책 모양으로 다시 접습니다.

이 책은 가운데의 양면에 어떤 모양이 들어가고, 바깥 면에는 글이 들어가는 유형입니다. 이런 종류의 책을 만드는 프로젝트를 하면서 교사는 자동차 같은 흥미 있고 신나는 물건을 사용함으로써 남자아이들에게 즐겁게 글을 쓰게 할 수 있습니다. 또 이 자동차는 아래위를 뒤집으면 동물의 머리 같은 다른 무언가로 변하게 됩니다. 그러므로 책을 재미있게 전환시키고, 새로운 영역의 주제를 끌어들일 수 있는 가능성을 많이 가지고 있습니다.

❈ 도움이 되는 힌트 : 자동차 모양을 만들 경우 바퀴들이 책의 맨 아래에 오도록 해야 합니다.

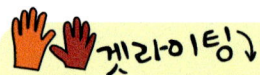

• 활용 1

가운데의 양면을 차지하고 있는 자동차의 앞쪽과 뒤쪽에 자세한 모양을 그려넣습니다. 그리고 책의 양쪽 가장자리 면에 글을 씁니다. 예를 들면 다음과 같은 순서로 이야기를 만들 수 있습니다.
첫째 면 : 나는 지금 새로 산 자동차를 운전하고 있다
둘째 면 : 나는 지금 …로 가고 있다
셋째 면 : 거기 도착하면 나는 …을 할 것이다
넷째 면 : 집으로 돌아와서 나는 …을 할 것이다

Make the basic car book

기본형 책만들기

기본형 지그재그 책을 만든 다음, 그림처럼 자동차 모양을 그리고 오려 냅니다. 그리고 다시 책 모양으로 접으면 됩니다.

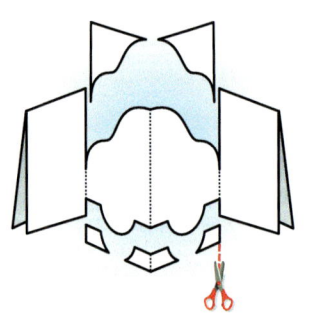

△ 한꺼번에 자르기
기본형 지그재그 책을 만든 다음 이것을 가로로 길게 놓고 반으로 접습니다. 그리고 접힌 가장자리에서 자동

자동차 책에 배경 그려넣기

1. A3 크기의 종이로 기본형 지그재그 책을 만듭니다. 종이를 완전히 펼친 다음, 종이를 가로로 길게 놓고 반으로 접습니다. 반으로 접힌 아랫부분의 한쪽에 자동차 모양을 오립니다.

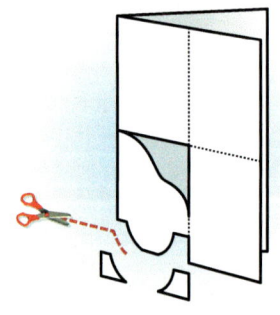

2. 종이를 다시 펼친 다음, 세로로 길게 놓고 반으로 접어서 책을 완성합니다.

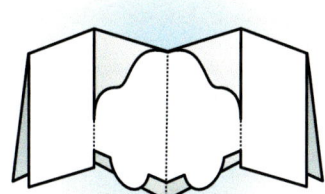

△ 한꺼번에 자르기

26쪽에 나오는 한꺼번에 자르기 방법대로 기본형 자동차 책을 만듭니다. 하지만 자동차가 뒤집힌 모양이어야 합니다.

🖐 겟라이팅↴

• 활용 2

자동차와 자동차를 타고 있는 사람들을 그립니다. 그리고 뒤쪽으로 배경을 그려넣습니다. 왼쪽 면에 자동차를 탄 사람들의 이름을 쓰고, 오른쪽 면에 그들이 어디로 가고 있는지 설명하는 글을 씁니다.

• 활용 3

「마법의 자동차」라는 제목으로 아이들과 프로젝트를 진행합니다. 아이들의 자동차가 어떤 마법을 부릴 수 있을지를 생각해보게 합니다. 그리고 첫째 면과 넷째 면에 마법의 자동차가 무엇을 할 수 있는 지를 차례로 써보게 합니다.

금발머리와 아기곰 책

기본형 책만들기 과정을 그대로 한 다음, 자동차 모양을 뒤집어놓으면 됩니다. 자동차를 곰으로 바꿀 것입니다.

🖐 겟라이팅↴

• 활용 4

아이들이 「금발머리와 아기곰」 이야기를 잘 알고 있는지 확인합니다. 혹시 모르는 아이들이 있다면 다시 한 번 읽고 그 내용에 대해 이야기를 나눕니다. 그런 다음 아이들에게 앞쪽 가운데 양면에 아기곰을 그리게 합니다. 글쓰기는 다음과 같이 하면 됩니다.

금발머리가 아기곰의 의자를 망가뜨려서 미안하다고 편지를 씁니다. 아이들은 이 편지를 앞의 왼쪽 면에 붙이도록 합니다. 아기곰의 답장은 앞의 오른쪽 면에 붙입니다. 책의 다른 면에서도 계속해서 편지 주고받기를 합니다.

• 활용 5

첫째 면에 아기곰에게 묻고 싶은 것들을 쓰라고 합니다. 예를 들면 아기곰이 오트밀 말고 달리 무슨 음식을 좋아하는지 물어보도록 합니다. 그리고 아기곰의 답장은 넷째 면에 붙입니다. 아이들이 원한다면 글과 어울리는 그림을 덧붙일 수도 있습니다.

• 활용 6

「금발머리와 아기곰」 이야기에서 배울 수 있는 것을 담아봅니다. 예를 들어 집을 비울 때는 항상 문을 잠근다든가, 초대받지 않은 집에는 가지 않는다 같은 것 등을 써볼 수 있습니다.

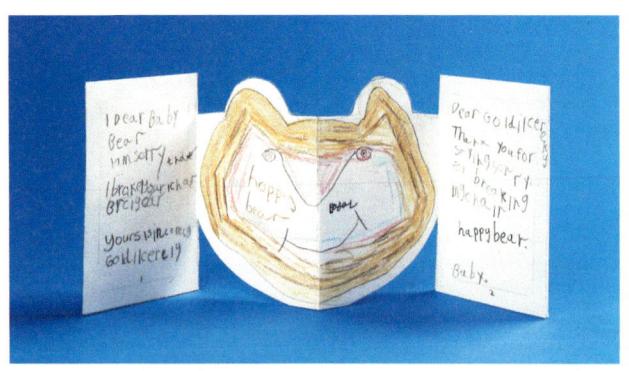

→ 프라야(5세)가 만든, 금발머리와 아기곰이 주고받은 편지입니다. 이 편지쓰기 프로젝트는 '겟라이팅 활용 4'의 제안을 활용한 좋은 사례입니다. 아이들에게 준 글쓰기 틀은 '아기곰아, 미안해… 너의 친구 금발머리가'입니다.

3. 오린 부분을 중심으로 위와 아래를 앞뒤로 접어 자국을 냅니다. 그렇게 입 모양을 만든 다음 펼쳐놓습니다.

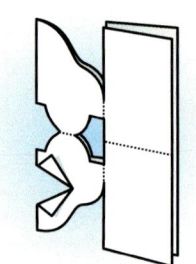

4. 종이를 펼치고 세로로 반을 접습니다. 그런 다음 지그재그로 접고, 그림처럼 팝업으로 된 입 모양을 튀어나오게 만듭니다.

개구리 책

이것은 개구리를 소개할 때 활용할 수 있습니다.

△ 한꺼번에 자르기

기본형 지그재그 책을 만든 다음 가로로 길게 놓고 반으로 접습니다. 한쪽 가장자리에서 자동차를 뒤집은 모양으로 한꺼번에 오립니다. 그리고 다시 펼쳐서 위의 두 번째 단계부터 접어 나가면 됩니다.

1. 기본형 자동차 책을 뒤집어서 기본형 책으로 만듭니다. 그러면 자동차 바퀴 모양이 개구리의 머리가 될 것입니다.

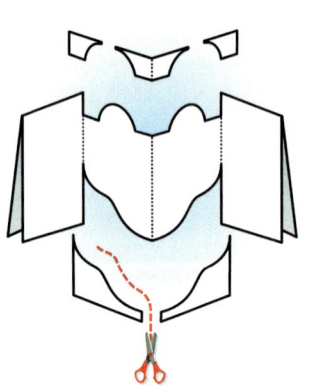

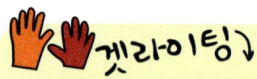

• 활용 7

개구리가 높은 곳으로 기어오르기 위해서 끈적끈적한 흡착반을 얼마나 많이 가지고 있는지를 아이들에게 써보도록 합니다. 그 밖에도 개구리에 대해 쓸 수 있는 것들을 이야기하고 개구리 책에 담아봅니다.

• 활용 8

가운데의 양면에 개구리의 얼굴을 그려서 삽화로 사용할 수 있습니다.

2. 종이를 펼치고 가로로 반을 접은 다음, 아랫부분을 수평으로 조금 오려 냅니다.

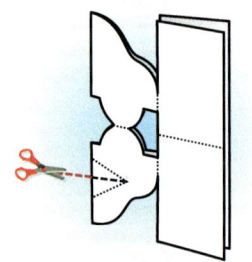

Palaces, pyramids and more!
4. 궁전 책

이 프로젝트는 역사적인 건물이나 가상의 건물을 만들 때 활용할 수 있습니다. 삼각형 모양으로 오려 내는 것을 기본 디자인으로 하고, 양면에 글을 쓸 수 있습니다.

Make the basic palace book
기본형 책만들기

겟라이팅

- **활용 1**
아이들이 「신데렐라」 이야기를 잘 알고 있는지 확인합니다. 가운데의 양면에 누더기 옷을 입고 청소를 하고 있는 신데렐라를 그립니다. 왼쪽 면과 오른쪽 면에는 신데렐라가 해야 하는 집안일을 목록으로 만듭니다.

- **활용 2**
책을 뒤집어놓고 다시 가운데의 양면에 신데렐라를 그립니다. 이번에는 파티드레스를 입고 무도회에 간 모습을 그리는 것입니다. 나머지 면에는 신데렐라가 어떤 옷을 입고 있는지 묘사할 수 있습니다.

A3 크기의 종이로 기본형 지그재그 책을 만듭니다. 그 다음 그림처럼 삼각형 모양으로 오려 냅니다. 다시 지그재그로 접어 책을 완성합니다.

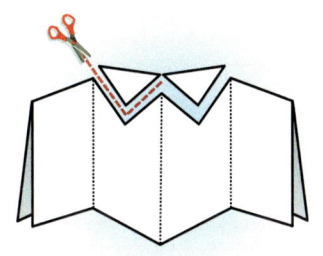

파티 플래너

1. 기본형 궁전 책을 만든 다음, 종이를 다 펼치고 왼쪽과 오른쪽 양면을 오려 플랩을 만듭니다.

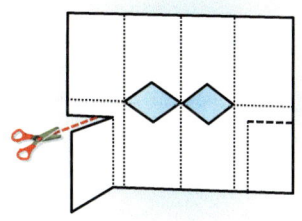

▲ 한꺼번에 자르기
위에서처럼 기본형 지그재그 책을 만든 다음, 가로로 길게 놓고 반을 접습니다. 접은 상태에서 접힌 윗부분에 삼각형을 오려낸 다음, 다시 펼쳐 놓습니다.

2. 종이를 세로로 길게 놓고 접어서 책을 완성합니다.

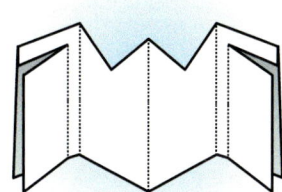

△ 한꺼번에 자르기

기본형 궁전 책을 만들 때 한꺼번에 오리는 방법을 활용합니다. 종이를 다 펼친 다음, 가로로 길게 놓고 반을 접습니다. 바깥쪽 가장자리를 오려 플랩을 만듭니다. 그리고 다시 펼친 다음, 세로로 접어서 책을 완성합니다.

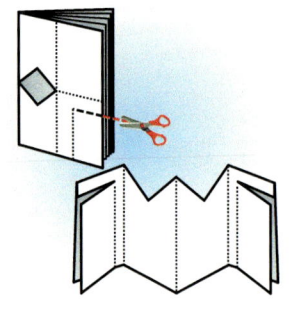

✋ 겟라이팅↲

• 활용 3

'파티타임'에 관한 책입니다. 가운데의 양면을 중심으로 웃는 얼굴 위에 종이 파티모자를 그립니다. 양쪽 가장자리 면에는 파티에 관한 글을 씁니다. 초대할 친구들 이름, 파티에서 함께할 놀이, 음식 메뉴, 생일 케이크 만드는 방법, 초대장이나 파티에 참석한다는 답장 등이 들어갈 수 있습니다.

• 활용 4

책을 크리스마스 카드로 활용할 수 있습니다. 가운데의 양면에는 크리스마스 화환같이 크리스마스 분위기가 나는 그림을 그립니다. 플랩 아래쪽에는 크리스마스 인사를 써넣습니다.

캠핑 책

1. 먼저 궁전 책을 만들고 가운데의 양면에 피라미드 모양을 만듭니다. 다시 펼친 다음 가운데의 접힌 자국을 오려 텐트 플랩 2개를 만듭니다.

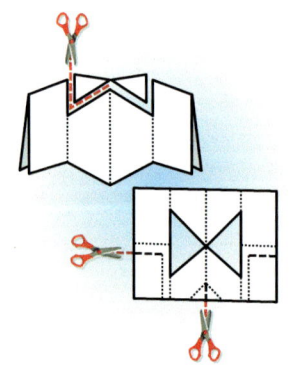

2. 플랩을 그림처럼 바깥쪽으로 접습니다. 왼쪽과 오른쪽 가장자리에 문을 오려 하나씩 만듭니다.

3. 종이를 세로로 길게 놓고 반으로 다시 접은 다음, 지그재그로 접어 책을 완성합니다.

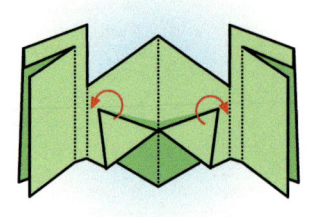

△ 한꺼번에 자르기

파티 플래너 프로젝트를 할 때와 방법은 같고, 텐트 모양을 만든다는 것만 다릅니다. 양쪽 가장자리 면에 문뿐만 아니라 텐트 플랩도 같은 방법으로 오립니다.

✋ 겟라이팅↲

• 활용 5

가운데에 있는 텐트 플랩 아래에 '나와 나의 가장 친한 친구'를 표현하는 장면을 하나 그립니다. 왼쪽 문에는 휴가 때 가지고 갈 소품 — 여권, 지도, 수영복, 야구 방망이, 공, 샌들 — 의 목록을 써넣습니다. 오른쪽 문 아래에는 더 작게 그림을 그려넣고 이름을 써넣을 수 있습니다. 예를 들면 내용물의 이름 — 붕대, 반창고, 선크림 등 — 이 적혀 있는 구급상자 같은 것을 그릴 수 있을 것입니다.

✪ 도움이 되는 힌트 : 꼭 여기에 나온 대로 하지 않아도 됩니다. 스스로 모양을 생각해 보고, 책 모양에 어울리는 내용을 채워도 됩니다.

고대 이집트 책

1. 캠핑 책 프로젝트에서처럼 기본형 피라미드 책을 만드는데, 가운데의 플랩을 더 크게 자릅니다.

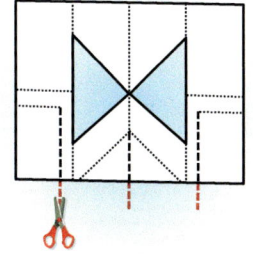

2. 양쪽 가장자리 면에 플랩을 들어올릴 수 있도록 오려냅니다. 그런 다음 종이를 접으면 책이 완성됩니다.

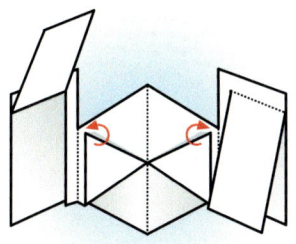

→ 자라(4세)가 만든 「신데렐라」입니다. 자라는 글자 같은 것(양쪽 가장자리 면)과 그림 같은 것(가운데의 양면)을 구분해서 표현했습니다. 자라는 궁전의 앞쪽에 마차와 말을 그렸습니다.

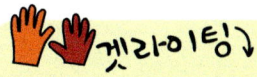

• **활용 6**

이집트에 관해서 배울 때 피라미드 프로젝트를 활용하면 좋습니다. 반 아이들이 이집트 미라를 피라미드로 꾸민 가운데의 플랩 아래에 그립니다. 양쪽 가장자리 면에는 파라오들이 다음 생으로 길을 떠날 때 자기 무덤에 가져다놓은 금항아리나 조각상 같은 것들을 아이들 스스로 생각해보게 합니다. 플랩의 위쪽에는 이 물건들에 관한 글을 씁니다.

Castle books
5. 성 책

옛이야기에서는 성이 차지하는 의미가 큽니다. 게다가 중요한 역사적 유산이기도 합니다. 아이들은 안과 바깥을 모두 그리면서 성이 어떻게 만들어졌는가, 성 안에서 사는 것이 어떤가를 알게 될 것입니다.

Make the basic castle book
기본형 책만들기

1. 기본형 지그재그 책을 만든 다음 다시 펼쳐놓습니다. 세로로 반을 접은 다음, 접은 선 가운데에서 중심선까지 오립니다.

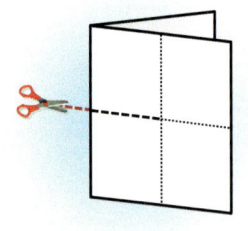

2. 종이를 다시 펼쳐서 세로로 길게 놓고 반으로 접습니다. 그리고 가운데 양면의 위쪽 그림처럼 겹친 부분을 직사각형 모양으로 오려 냅니다.

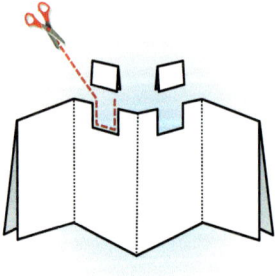

3. 왼쪽과 오른쪽 양면을 잡고 종이를 안쪽으로 밀어서 탑 모양을 만듭니다.

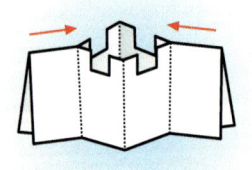

한꺼번에 자르기

기본형 성 책을 1단계까지 따라 만듭니다. 그런 다음 종이를 위에서 아래쪽으로 반을 접고 가운데에서 직사각형을 오려 내면 됩니다.
종이를 다 펼친 다음, 세로로 길게 접고 위의 3단계까지 따라 만들면 됩니다.

✪ 도움이 되는 힌트 : 꼭 여기에 나온 대로 하지 않아도 됩니다. 스스로 모양을 생각해 보고, 책 모양에 어울리는 내용을 채워도 됩니다.

겟라이팅

• 활용 1
「잭과 콩나무」이야기를 들려줍니다. 아이들이 성벽을 타고 자라는 콩나무를 그리고, 문 안쪽에는 바로 앞에 서 있는 거인을 그리게 합니다. 양쪽 가장자리에는 '이 사람이 거인입니다'라고 씁니다. 다른 면에는 거인이 깨어난 다음에 어떻게 되는가를 다시 이야기해 보는 공간으로 사용할 수 있습니다.

→ 루사(5세)가 만든 「잭과 콩나무」입니다. 보조 교사가 반 아이들의 책을 대부분 접어주고, 모양을 오려주었습니다. 아이들은 마지막 성을 접는 부분만 스스로 했고, 문 안쪽에 거인을 그려넣었습니다.

라푼젤 책

기본형 성 책을 1~3단계까지 따라 만듭니다. 그리고 성 가운데의 양면을 모아 창문 모양을 오려 냅니다.

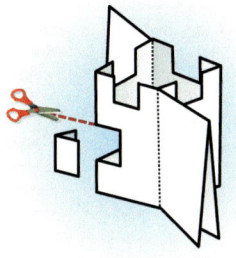

△ 한꺼번에 자르기

기본형 성 책에 소개된 한꺼번에 자르기 방법을 따라 합니다. 그런 다음 다시 펼쳐서 창문을 오려 냅니다.

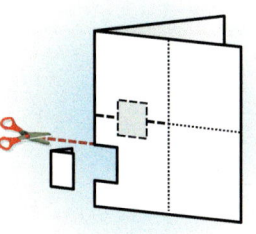

✋ 겟라이팅↲

• 활용 2

남은 종이 위에 라푼젤을 그려서 오리게 합니다. 노란색 천을 풀로 붙여서 라푼젤의 긴 머리카락을 만들어놓습니다. 그런 다음 라푼젤을 창문 뒤쪽에 붙이고, 머리카락은 성의 앞쪽으로 늘어뜨립니다. 그리고 라푼젤이 자기 머리카락을 아래로 내려뜨리는 장면에 대해 설명하는 글을 쓰도록 합니다.

• 활용 3

성의 꼭대기에 직사각형을 오립니다. 그렇게 하면 성은 나무의 커다란 몸통이 됩니다. 나무를 넘어뜨린 상황을 생각하며 나무에서 사는 동물, 다람쥐나 새 같은 것을 구멍 안에 그립니다. 그리고 자기가 그린 동물에 관한 이야기를 왼쪽 면과 오른쪽 면에 쓰도록 합니다.

잠자는 숲속의 공주 책

1. 기본형 성 책에 소개된 한꺼번에 자르기 방법을 따라 합니다. 성 가운데의 양면을 모아 문의 위쪽과 아래쪽을 주의해서 오립니다.

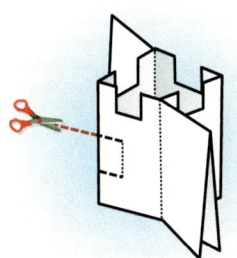

2. 그림처럼 문의 가운데에서 접은 자국을 오린 다음, 양쪽으로 문을 열 수 있도록 접어놓습니다.

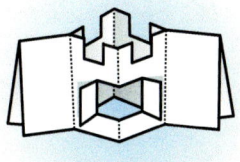

△ 한꺼번에 자르기

기본형 성 책에 소개된 한꺼번에 자르기 방법을 따라 합니다. 가운데 아래쪽 면을 들어올려서 문의 아래쪽과 위쪽을 오려 냅니다. 종이를 펼친 다음, 위에 나온 대로 성을 만듭니다. 마지막으로 문 가운데의 접힌 자국을 오리고 양옆으로 펼칩니다.

✋ 겟라이팅↲

• 활용 4

아이들에게 「잠자는 숲속의 공주」 이야기를 들려줍니다. 아이들에게 각자 만든 성 책을 눕혀놓고 열린 문 안쪽에 공주를 그려넣게 합니다. 바깥쪽에는 벽을 타고 올라가는 왕자를 그립니다. 바깥쪽 양면에는 그림 장면을 설명하는 글을 써넣습니다. 예를 들면 '공주는 잠을 자고 있었습니다…' 그리고 '왕자는 올라갔습니다…' 하는 식으로 쓰면 됩니다.

겟라이팅

• 활용 5

이드(라마단 금식 기간 마지막 사흘 동안 벌이는 이슬람 축제) 카드를 만듭니다. 성 꼭대기에 직사각형 모양을 오려내 이슬람 사원을 만듭니다. 문 안쪽에 기하학 무늬를 그려넣고, 바깥쪽 양면에는 안부인사를 씁니다.

성 축제 책

A3 크기의 종이로 잠자는 숲속의 공주 책을 만들고 가운데 양면에 걸쳐 들어가는 문을 크게 오립니다. 바깥쪽 양면에는 아치로 된 통로와 총안이 있는 흉벽을 만들어줍니다.

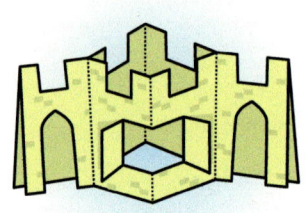

겟라이팅

• 활용 6

중세시대의 파티 장면이 그려져 있는 책을 아이들에게 보여줍니다. 현재 모습과 어떤 것들이 다른지 주의해서 살핍니다. 식탁에 차려진 음식, 악사들, 앉아서 음식을 먹는 영주와 부인, 놀고 있는 아이들 등등. 성의 문 안쪽에 음식과 음료가 차려진 커다란 연회 테이블을 그립니다. 왼쪽 아치 문 안에는 축제에 사용되는 여러 가지 물품을 쓰도록 합니다. 오른쪽 아치 문 안쪽에는 중세시대 때 아이들이 즐긴 놀이에 관해 쓰고, 그 아래에 아이들이 놀고 있는 장면을 그리게 합니다.

✪ 도움이 되는 힌트 : 성 모양을 입체인 상태로 두려면 책의 오른쪽과 왼쪽 양면에 핀으로 꽂아 게시판에 붙여둡니다.

→ 박규빈(9세)이 만든 「공주와 새의 이야기」입니다. 성에서 떨어질 뻔한 공주를 구해낸 비둘기가 성에서 오랫동안 함께 행복하게 살았다는 이야기를 전하고 있습니다. 창문 팝업을 활용해 공주를 그려넣은 것으로 창의적인 요소를 더했습니다.

Contour books
6. 윤곽선 책

- **활용 1**

  책의 왼쪽 면에 마법사를, 오른쪽 면에는 주문을 그립니다. 그리고 여러 가지 마법약의 원료들을 써봅니다.

- **활용 2**

  광대들에 대한 이야기를 씁니다. 완전한 원이 아니라 4분의 1 원을 만듭니다. 이것을 접으면 두 면에 광대모자를 쓴 광대가 됩니다. 아이들은 모자와 광대의 얼굴을 그립니다. 하나는 행복한 얼굴, 하나는 슬픈 얼굴을 그리고 거기에 이름을 써 붙인 다음, 왜 한 광대는 슬프고 한 광대는 행복한지 설명하는 글을 씁니다.

이런 책들은 위쪽을 여러 가지 모양으로 오려서 파노라마처럼 작품을 보여줄 수 있습니다. 아이들이 흥미있게 글을 쓸 수 있도록 이끌어주는 새로운 시각 자료가 될 것입니다.

✦ 도움이 되는 힌트 : 그림 그리기 수업과 연계하려면 마법사의 모자 아이디어를 좀더 큰 종이에다 활용합니다.

Make the basic contour book
기본형 책만들기

1. 기본형 지그재그 책을 만든 다음 다시 펼칩니다. 그리고 양면을 가운데 중심선을 향해 접습니다. 양면이 접힌 쪽에 그림처럼 가위로 오려 냅니다.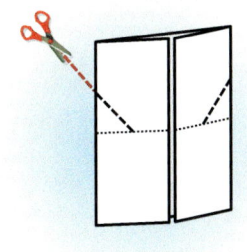

2. 다시 종이를 펼치고 가로로 길게 반으로 접습니다. 그러면 윤곽선 모양이 나옵니다. 다시 지그재그 형태로 접을 때는 오려 낸 부분이 책의 뒤쪽으로 오게 합니다.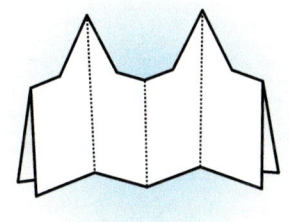

→ 해리스(5세)가 만든 「마녀」입니다. 『마녀 위니의 겨울』(코키 폴과 발레리 토머스, 비룡소)을 반 전체가 읽고 나서 각자 만든 것입니다. 왼쪽 면은 겨울을 보여주고(눈이 내린다), 오른쪽 면은 여름을 보여주고 있습니다(밝은 해).

△ **한꺼번에 자르기**

기본형 지그재그 책을 만든 다음, 종이를 다시 펼칩니다. 종이를 세로로 길게 놓고 지그재그로 접어줍니다. 접힌 부분 쪽으로 윤곽선 모양이 나오게 오립니다.

팝업 다이아몬드 책

1. 기본형 지그재그 책을 만든 다음 다시 펼칩니다. 오른쪽 면을 가운데의 중심선에 맞추어 접고, 그림처럼 오립니다.

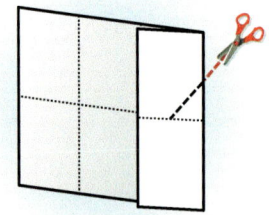

2. 종이의 오린 부분을 각이 지도록 앞뒤로 한 번씩 접습니다. 그리고 종이를 다시 펼칩니다.

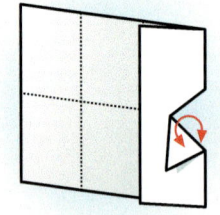

3. 종이를 다시 지그재그 책으로 접습니다. 책을 덮으면 셋째 면과 넷째 면 사이로 팝업이 접혀 들어갈 것입니다. 하지만 책을 펼치면 다이아몬드 팝업이 다시 나타나게 됩니다.

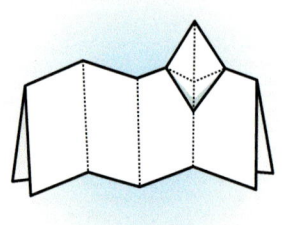

✋ 겟라이팅↲

- **활용 3**
다이아몬드 모양을 보고 어떤 것이 떠오르는지 아이들과 이야기합니다. 예를 들어 다이아몬드 모양이 연처럼 생각되었다면 '연'을 주제로 이야기를 써보게 합니다. 시작하는 2개의 면에 '연이 떠난 여행 이야기'를 쓴 다음, 다른 2개의 면에 연을 그려보게 하는 것입니다.

- **활용 4**
다이아몬드를 별 모양으로 정합니다. 별이 지구를 내려다볼 때 무엇이 보이는지에 관한 시를 써보는 것입니다. '나는 별, 하늘에서 내려다보네…'라는 식으로 말입니다.

- **활용 5**
팝업 다이아몬드를 꽃의 얼굴로 활용합니다. 꽃잎, 줄기, 잎과 뿌리, 그리고 각각의 이름을 씁니다. 왼쪽 면에는 식물이나 꽃이 씨앗에서 어떻게 생명이 시작되는지 설명하는 글을 씁니다.

네모, 세모, 동그라미 책

1. 기본형 윤곽선 책을 1단계까지 따라 만든 다음, 그림처럼 접힌 양면을 오립니다.

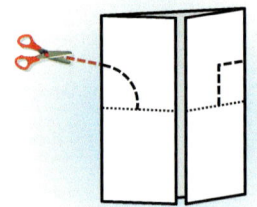

2. 종이를 펼쳐놓고 다시 세로로 반을 접습니다. 그리고 그림처럼 오려 냅니다.

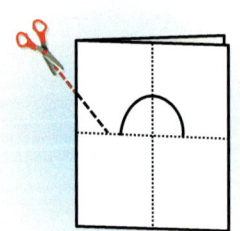

3. 다시 종이를 펼친 다음, 가로로 반을 접습니다. 오린 부분이 뒤쪽으로 가게 지그재그로 접으면 책이 완성됩니다.

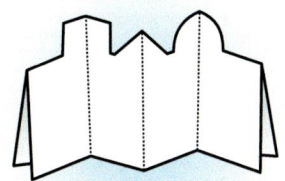

2. 종이를 펼쳤다가 세로로 반을 내려 접습니다. 오린 부분이 뒤쪽으로 가게 지그재그로 책을 접습니다.

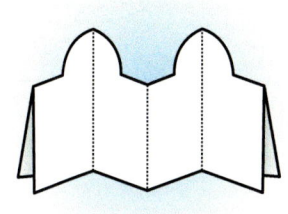

☆ 도움이 되는 힌트 : 반원을 정확하게 만들려면 각도기나 얇은 뚜껑을 대고 그립니다.

△ 한꺼번에 자르기

1. 기본형 지그재그 책을 만듭니다. 다시 펼친 다음, 세로로 놓고 가운데 중심선을 향해 양면을 접어줍니다. 그리고 양면의 접힌 부분을 반원으로 오려 냅니다.

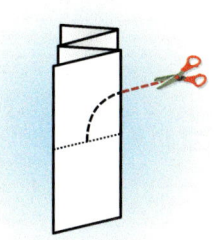

2. 종이를 다시 펼친 다음, 세로로 내려 접고 지그재그로 접으면 책이 완성됩니다.

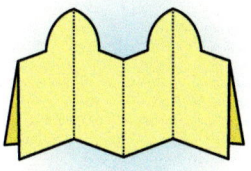

🖐 껫라이팅

• 활용 6

윤곽선 모양을 보며 생각하는 시간을 갖도록 합니다. 첫 번째 윤곽선 모양을 보면서 생일선물처럼 생긴 사각형 물건을 정하고 그립니다. 그 아래쪽에는 다른 사각형 물건의 이름을 씁니다. 두 번째, 세 번째 모양도 같은 방법으로 물건을 그리고 이름을 써 나갑니다.

• 활용 7

아이들과 주거지에 대해 이야기해봅니다. 첫 번째 윤곽선 모양에는 집을 그리고, 두 번째에는 티피(아메리칸인디언의 천막집), 세 번째에는 이글루(에스키모족의 얼음집)를 그립니다. 아이들에게 이 집 안에 살고 있는 사람들과 집이 무엇으로 만들어졌는가를 써보게 합니다.

낮과 밤 책

1. 기본형 윤곽선 책을 1단계까지 따라 만든 다음, 그림처럼 반원 모양 2개를 오려 냅니다.

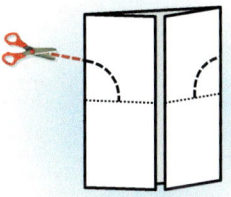

🖐 껫라이팅

• 활용 8

첫 번째 원이 4분의 1 크기가 되도록 선을 그은 다음, 안에 낮과 관련된 것들을 그립니다. 예를 들면 해, 낮에 활동하는 새, 활짝 핀 꽃, 바깥에서 노는 아이들 등을 그리는 것입니다. 다른 원도 마찬가지로 4분의 1 크기가 되도록 한 다음, 밤과 관련된 것들을 그립니다. 예를 들면 달, 별, 부엉이, 잠을 자고 있는 아이들 등입니다. 남아 있는 그림 공간에 각자 무엇을 그렸는지 설명하는 글을 쓸 수도 있습니다.

Fold-away books
7. 접는 책 – 폴드북

이런 수직 형태의 지그재그 책들은 여러 상황에서 활용할 수 있습니다. 전시를 위해서는 좀더 익숙한 수평 형태의 책을 택할 수도 있습니다.

Make the basic fold-away book
기본형 책만들기

1. 기본형 지그재그 책을 만든 다음, 다시 펼치고 세로로 반을 접습니다.

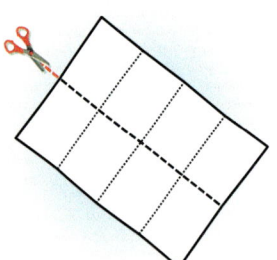

2. 세로로 길게 오려 종이를 두 조각으로 만듭니다. 그 중 1장만 사용합니다. 종이의 위쪽 가장자리 모서리를 자르고 다시 접으면 책이 완성됩니다.

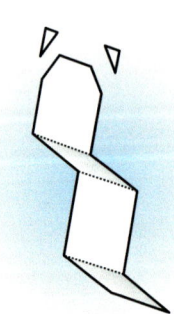

겟라이팅

- **활용 1**
아이들은 자신이 장난감가게 주인이라고 상상하면서 손님들에게 팔 장난감 목록을 만듭니다. 실내에서 가지고 노는 장난감, 야외에서 가지고 노는 장난감 혹은 작은 장난감과 큰 장난감처럼 네 가지로 분류한 다음, 그것을 그리고 설명을 붙이도록 합니다.

- **활용 2**
책이 메뉴판이 될 수도 있다는 것을 아이들에게 알려줍니다. 아이들은 맨 위쪽에 식당을 그리고 나머지 각각의 면에는 전채요리, 주요리, 디저트를 씁니다. 3개의 면에 각기 어떤 음식이 들어갈지 아이들은 즐거운 상상을 하며 책을 만듭니다.

- **활용 3**
기본형 접는 책은 지하실, 1층, 2층과 다락방이 있는 집이 되기도 합니다. 아이들에게 각층에 있는 것들의 이름을 쓰고 그리도록 합니다.

휴가엽서 지갑

1. 기본형 접는 책을 만든 다음, 셋째 면을 그림처럼 오립니다. 그리고 종이를 다시 펼칩니다.

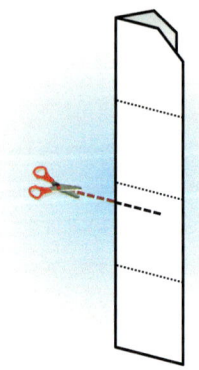

2. 책을 접어 지갑으로 만들고 나면, 오려 낸 셋째 면에 첫째 면의 모서리를 꽂아넣어 지갑처럼 여닫았다 할 수 있습니다.

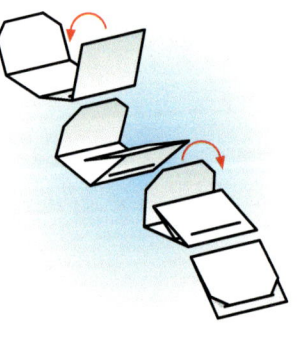

- 활용 4

아이들은 친구들에게 4가지 휴가엽서를 쓸 수 있습니다. 예를 들면 '오늘 아침 나는 …에 갔어…' '오후에 …에 가고 있는 중이야…' 하는 식으로 말입니다.

- 활용 5

책이 괘종시계라고 상상해봅니다. 아이들은 맨 위칸에 시계의 얼굴 부분을 그리고, 맨 아래칸에 추를 그립니다. 글은 똑딱 똑딱 똑딱(Hickory, Dickory, Dock)이라는 라임(운이 있는 시)처럼 '생쥐가 시계를 타고 올라가요'로 시작합니다.

- 활용 6

책 형태를 아파트라고 생각하고 각각 다른 층에 살고 있는 네 가족을 그릴 수 있습니다. 아이들은 아파트를 그리고 각 가족의 이름을 씁니다.

도움이 되는 힌트 : 예를 들어 '미라에게 주는 선물'이라는 식으로 엽서 앞면에 수신인의 이름을 달아놓음으로써 개인적인 것임을 강조하도록 합니다. 또 휴가엽서 지갑에 종이를 앞뒤로 덧대어서 두꺼운 표지를 입힌 아코디언 책으로 만들 수도 있습니다(86쪽 참조).

숲속의 집 책 만들기

1. 기본형 접는 책을 1단계까지 따라 만듭니다. 맨 위쪽 면을 뒤로 접습니다. 그런 다음 양쪽 모서리를 그림의 대각선처럼 앞뒤 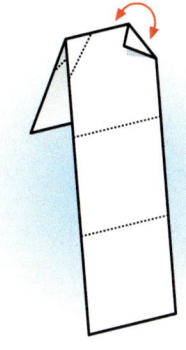 로 한 번씩 접었다가 펼칩니다.

2. 접은 모서리를 안쪽으로 집어넣은 다음, 나머지 면을 그림처럼 지그재그로 접습니다.

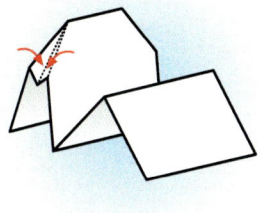

- 활용 7

「헨젤과 그레텔」이야기를 기본으로 삼아 프로젝트를 진행합니다. 둘째 면에 과자로 된 마녀의 집을 그립니다. 나머지 면에는 헨젤이 도망친 이야기를 쓰도록 합니다.

- 활용 8

'이 집에는 누가 살까?'라는 주제로 활용합니다. 「빨간 두건 소녀」「생강빵 소년」「백설공주」처럼 알려진 이야기 중에서 골라 내용에 맞게 집을 꾸밉니다. 선택한 이야기와 어울리는 스타일로 집을 그리고, 주인공의 이름을 씁니다.

→ 루시(7세)가 만든 「사탕으로 만든 집」입니다. 아이들이 스스로 책을 접어서 만들고 집을 그렸습니다. 입체로 된 일러스트레이션에는 화려한 참고자료들이 들어가 있어야 합니다. 그 아래에는 집을 설명하는 글을 씁니다.

이야기꾼의 의자 책

1. 기본형 접는 책을 1단계까지 따라 만듭니다. 맨 위쪽 면을 뒤로 접은 다음, 긴 사각 팝업이 2개 나오도록 오립니다.

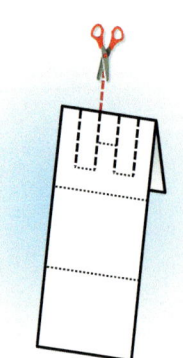

2. 오린 부분들을 앞뒤로 한 번씩 접었다가 폅니다. 가운데 사각으로 남겨진 부분도 반을 뒤쪽으로 접어 앞뒤로 접었다가 폅니다. 그 다음 종이를 완전히 펼쳐놓습니다.

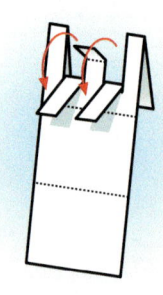

3. 세로로 길게 지그재그로 접은 상태에서 오린 부분을 튀어나오게 하면 그림처럼 팝업 의자가 나오게 됩니다. 마치 마술을 부린 것처럼!

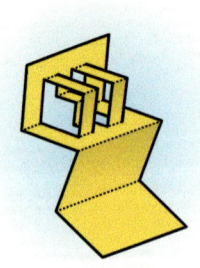

겟라이팅

• 활용 9
이야기꾼의 의자는 크게 만들어야 합니다. 그래야 의자의 팔걸이와 등받이에 보석을 그리고, 쿠션에 소용돌이 무늬를 넣을 수 있습니다.

Animal books 1
8. 동물 책 1

아이들은 동물들에게 특별한 매력을 느낍니다. 그리고 전세계 어디에서나 이야기에는 동물들이 주로 등장합니다. 이런 종류의 책들은 모두 오리가미 책 만들기 원리를 이용해서 동물 모양을 만드는 것입니다. 이때 몸 부분은 글을 쓸 공간으로 활용하기에 좋습니다.

Make the basic animal book
기본형 책만들기

1. 기본형 지그재그 책을 만듭니다. 다시 펼치고 세로로 접습니다. 그림처럼 접은 선의 가운데에서 중심선까지 오립니다.

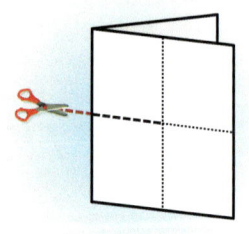

2. 종이를 펼치고 가로로 길게 반으로 접습니다. 종이 위에 연필로 동물 모양을 먼저 그린 다음, 필요 없는 부분을 오려 냅니다.

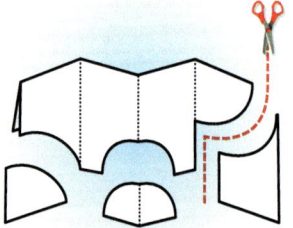

3. 왼쪽과 오른쪽 가장자리를 중심을 향해 밀어서 동물 모양이 서 있게 만듭니다.

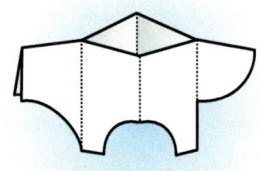

2. a형의 머리 스타일로는 고양이를, b형의 머리 스타일로는 개를 만든다고 생각하며 오립니다.

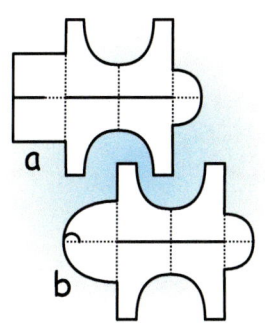

△ 한꺼번에 자르기

기본형 동물 책을 1단계까지 따라 만든 다음, 그림처럼 한꺼번에 오려 냅니다. 다시 종이를 펼친 다음, 세로로 반을 접습니다. 위의 2단계에서 한 것처럼 앞과 뒤를 오려 내면 됩니다.

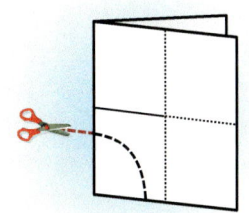

3. 종이를 세로로 반 접은 다음, 왼쪽과 오른쪽 가장자리를 책 안쪽으로 밀어서 동물 모양이 서 있도록 합니다.

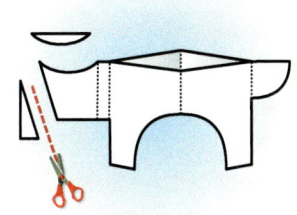

✴ 주의사항 : 고양이를 만들 때는 머리 부분이 들어가는 면들을 수직으로 접습니다.

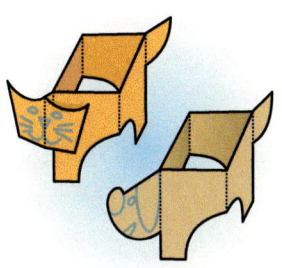

✴ 도움이 되는 힌트 : 머리 모양을 오릴 때 가운데 면까지 오리지 않도록 주의해야 합니다.

🖐🖐 겟라이팅↲

- 활용 1

자신이 산타클로스의 순록이라고 상상해 봅니다. '하늘을 날아다니면 기분이 어떨까? 선물을 모두 배달하고 집으로 돌아갈 때 무슨 일이 생길까? 순록들도 선물을 주고받을까?' 이러한 상상들을 몸통 부분에 글로 씁니다. 그 다음 오려놓은 순록의 머리 부분에 순록의 뿔을 풀로 붙입니다.

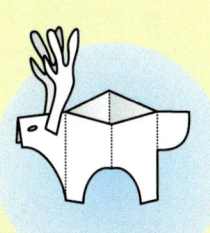

🖐🖐 겟라이팅↲

- 활용 2

'고양이 코코의 행복한 하루'라든지 '강아지 메리는 어디에 있을까'라는 제목을 정해줍니다. 아이들은 코코나 메리를 그리고 아래에 나온 것처럼 글을 씁니다.

메리는 테이블 밑에 있을까요? 아니오.
메리는 텔레비전 뒤에 있을까요? 아니오.
메리는 … 있을까요? 아니오.
메리는 … 있을까요? 예!

고양이/개 책

1. 기본형 동물 책을 2단계까지 따라 만든 다음, 종이를 다시 펼칩니다.

- **활용 3**

고양이나 개를 주인공으로 하는 이야기를 만듭니다. 주인공인 고양이나 개의 생일이 곧 돌아온다고 상상하며 생일카드를 만들고, 종이로 생일 선물도 만들도록 합니다.

희귀동물 책

1. 기본형 고양이 / 개 책을 1단계까지 따라 만듭니다.

2. 종이를 세로로 반 접습니다. 왼쪽과 오른쪽 가장자리를 안으로 밀어서 동물이 서 있게 만듭니다.

3. 코뿔소 모양이 되게 종이의 머리 부분을 오려냅니다.

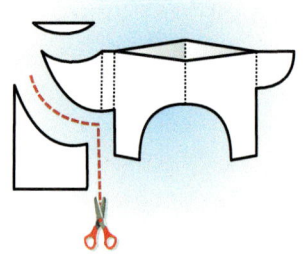

✯ 도움이 되는 힌트 : 동물 머리 모양의 2개의 면을 한데 붙이면 더 단단한 책이 됩니다.

농장 책

1. 기본형 고양이 책을 2단계까지 따라 만듭니다.

2. 오른쪽과 왼쪽 가장자리를 안으로 밀어서 동물이 서 있게 만듭니다. 그리고 대각선으로 귀 모양이 나오도록 접으면 돼지나 소를 만들 수 있습니다.

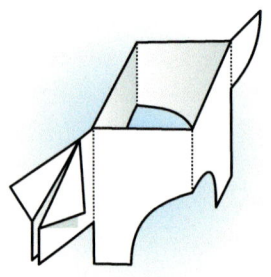

겟라이팅

- **활용 6**

코뿔소 같은 몇몇 동물들은 아주 희귀합니다. 아이들은 책 면에 야생동물을 보호하는 글을 쓸 수 있습니다.

겟라이팅

- **활용 4**

돼지 프루던스가 농장을 떠나 모험여행을 가려 합니다. 돼지 프루던스가 어떤 모험을 할지 짧은 이야기를 지어보도록 합니다.

- **활용 5**

이 책을 소 모양이 되도록 만들고, 우유를 가지고 버터와 치즈를 만드는 이야기처럼 유제품에 관한 글을 씁니다.

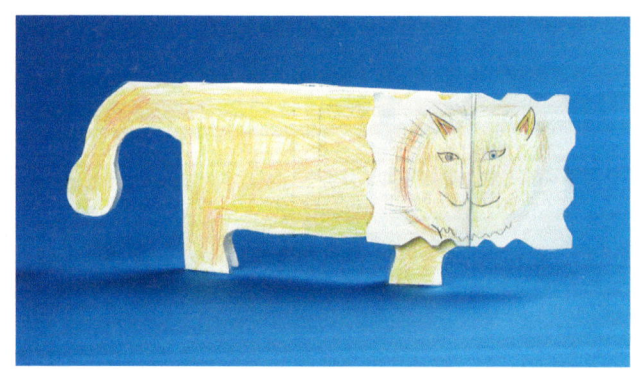

→ 자니쉬(7세)가 만든 「사자와 쥐」입니다. 사자의 몸통 한 면에 널리 알려진 이 이야기의 간단한 줄거리를 썼습니다. 사자의 머리는 교사가 그려주었습니다.

Animal books 2

9. 동물 책 2

기본형 오리가미 책의 접는 방식을 약간 바꾸면 선사시대 동물처럼 아주 키가 큰 동물이나 꼬리를 치켜세우고 있는 고양이 같은 것을 만들 수 있습니다. 또한 가로로 긴 직사각형 종이에 오리가미 접기 방식을 활용하면 악어처럼 몸이 길고 가느다란 동물을 만들 수도 있습니다.

겟라이팅

• 활용 1

아이들 모두가 '휴가를 떠난 허브'라는 코끼리를 주인공으로 한 이야기를 만들어봅니다. 허브는 여행을 떠날 때 뭘 가지고 갈까 생각해보고, 한쪽 몸통 면에는 허브가 무엇을 가지고 갔는지를 쓰고, 다른 면에는 허브가 여행지에 가서 무얼 했는지 씁니다.

코끼리 책

1. 기본형 동물 책을 2단계까지 따라 만듭니다. 그 다음 기다란 코와 귀가 달린 코끼리 모양의 머리를 오려 냅니다.

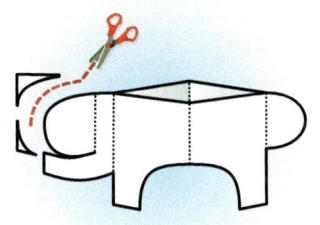

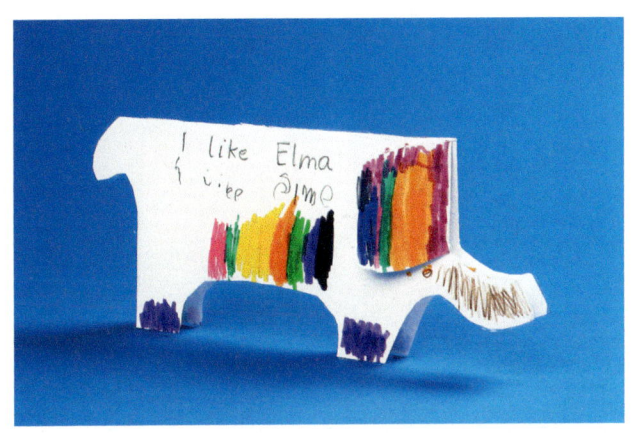

→ 임란(5세)이 만든 「나는 엘마를 좋아해」입니다. 데이비드 맥키가 만들어낸 유명한 코끼리 캐릭터인 엘마를 생각하며 만든 동물책의 몸통에 '나는 …를 좋아해'라는 글쓰기 틀을 주었습니다. 나머지는 아이들이 완성했고, 글이 쓰여 있는 주변을 펠트펜으로 그려 꾸몄습니다.

2. 왼쪽과 오른쪽 끝을 잡고 종이를 안으로 밀어서 코끼리가 서 있게 만든 다음, 귀를 접어서 양쪽으로 펼쳐줍니다.

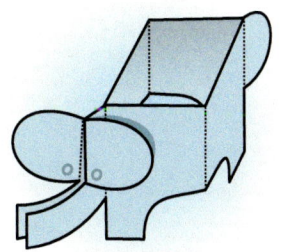

얄팍한 동물 책

1. A4나 A3 크기의 종이를 길게 반으로 오립니다. 그 중 1장을 가지고 똑같은 크기의 직사각형 8개가 나오게 접은 다음 펼칩니다.

공룡 책

1. A3 크기의 종이를 세로로 반을 접은 다음 펼칩니다. 다시 가로로 반을 접었다가 펼칩니다.

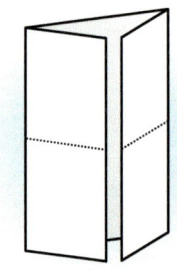

2. 종이를 다시 세로로 길게 놓고, 왼쪽과 오른쪽 면을 가운데 중심선에 맞추어 접었다가 펼칩니다.

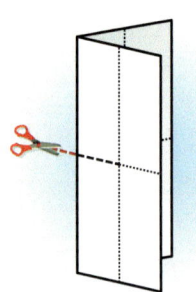

3. 종이를 그림처럼 접은 다음, 접은 선의 가운데에서 중심선까지 오려줍니다.

2. 가로로 반을 접은 다음, 접은 선의 가운데에서 중심선까지 오립니다.

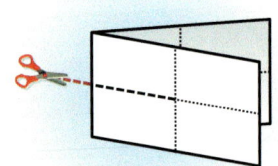

4. 종이를 펼치고 가로로 반을 접은 다음, 왼쪽과 오른쪽 면을 잡고 그림처럼 안으로 밀어줍니다.

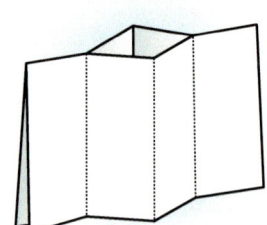

3. 종이를 다시 펼쳐서 세로로 반을 접은 다음, 악어 같은 길고 가느다란 동물 모양을 오려 냅니다.

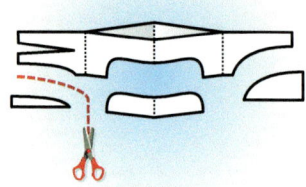

5. 종이를 접은 상태로 평평하게 놓은 다음, 공룡 모양을 그리고 그린 모양에 따라 오려 냅니다.

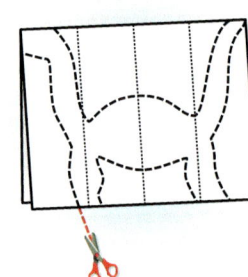

4. 왼쪽과 오른쪽 끝을 잡고 종이를 안으로 밀어서 악어가 서 있게 만듭니다.

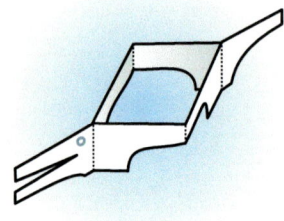

겟라이팅

• 활용 2

몸통에 악어의 이름을 씁니다. 악어를 그리기만 하고 모양을 오리지 않았으면 오려야 할 나머지 부분에 배고픈 악어가 하루에 먹을 수 있는 것들을 모두 써볼 수도 있습니다.

★ 도움이 되는 힌트 : 동물의 몸통에 글을 쓰는 대신 말풍선 위에 대화를 써서 동물의 입 쪽에 붙일 수도 있습니다.

- **활용 3**

각자가 만든 선사시대 동물의 몸통에 그 동물의 이름을 씁니다. 그런 다음 머리와 몸통에 세세한 것들을 그려넣습니다.

- **활용 4**

반 아이들이 참여해서 A1 크기의 커다란 공룡을 만들고 콜라주 기법으로 꾸며봅니다.

- **활용 5**

꼬리를 치켜세우고 있는 고양이 같은 것으로 모양을 다시 디자인합니다. 고양이 이름을 짓고 그 고양이에 관한 것들을 몸통 부분에 글로 씁니다.

3. 왼쪽과 오른쪽 면을 가운데 방향으로 밀어주면 입체 문어가 완성됩니다.

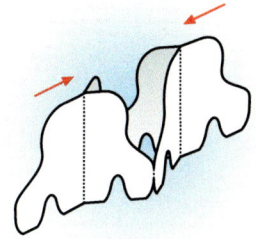

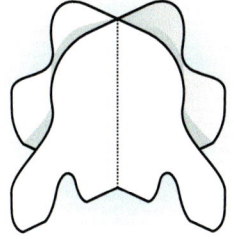

문어 책

1. 기본형 지그재그 책을 만든 다음, 종이를 다시 펼치고 가로로 반을 접습니다. 종이에 2마리의 문어 모양을 그리고 그림처럼 오려 냅니다.

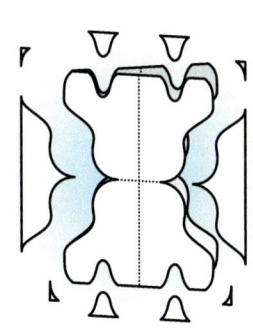

2. 종이를 다시 펼친 다음, 세로로 반을 접습니다.

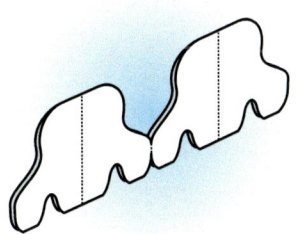

- **활용 6**

몸통에 문어에 관한 사실들을 씁니다. 예를 들면 문어의 다리는 몇 개인지, 어디에 사는지, 무엇을 먹고 사는지 등을 씁니다. 그리고 여러 가지 다른 재질과 색깔의 종이로 문어의 다리를 꾸밀 수도 있습니다. 완성된 책들을 천장이나 줄에 매달아 전시합니다.

☆ 도움이 되는 힌트 : 완성된 동물 책을 만들어서 종이로 된 커다란 나무나 바다 경치 배경 위에 전시합니다.

Pocket folders

10. 접는 주머니
- 포켓북

3. 왼쪽과 오른쪽 면을 다시 중심선에 맞추어 접습니다. 여기까지 따라하면 기본형 접는 주머니가 완성됩니다.

편지봉투 안에 든 편지, 엽서, 조각그림 등 놀이용품처럼 떼어낼 수 있는 것들은 출판 시장의 어린이 책에서 많은 부분을 차지하고 있습니다. 이 프로젝트는 접을 수 있는 주머니 안에 넣었다 뺐다 할 수 있는 물건을 소개하는 것으로 글쓰기 영역까지 통합하는 것입니다.

4. 주머니 안에 무엇인가 넣으려면 여분의 종이를 오려서 안부 카드, 편지, 포스터 등을 만들면 됩니다. 주머니 크기에 맞추어 안에 넣을 것을 만들어야 합니다.

겟라이팅

- **활용 1**

테디 베어나 장난감 동물 인형의 이름을 짓고, 그 인형이 여러분을 만나러 교실에 왔다고 아이들에게 말합니다. 그리고 동물과 아이들 사이에 관계를 만듭니다. (그리고 동물과 아이들에게 일어날 수 있는 일들에 대해 이야기를 나눕니다.) 예를 들어 원숭이 매지가 몸이 아프다고 가정합니다. 그래서 아이들이 '건강을 기원하는' 카드를 원숭이에게 보낼 수 있습니다. 또다른 예는 매지를 잃어버렸다고 가정합니다. 그래서 아이들이 '매지를 보셨나요?'라는 포스터를 만들 수 있습니다. 이렇게 만들어진 카드나 포스터, 편지 등을 접는 주머니에 넣습니다.

Make the basic pocket folder

기본형 접는 주머니 만들기

1. A4 크기의 종이를 가로로 길게 놓고 왼쪽 면과 오른쪽 면을 가운데 중심선에 맞추어 접었다가 다시 펼칩니다.

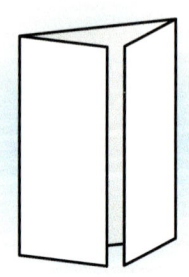

2. 다시 종이를 세로로 반 접은 다음, 접힌 양면 아래쪽에 스템플러를 박습니다.

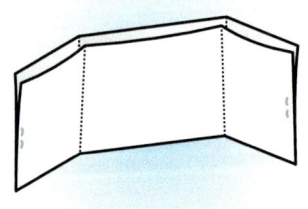

이중 접는 주머니

1. 종이를 길게 놓고 반을 접었다가 펼친 다음, 종이를 그림처럼 위로 접어 올립니다. 이때 위쪽 공간을 어느 정도 남겨두고 접습니다. 이렇게 하면 주머니 하나가 생깁니다.

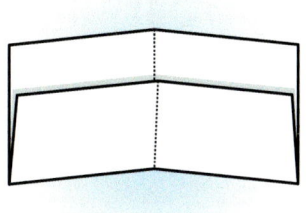

2. 다시 아래에서 위로 한 번 더 접어 올리고 양쪽 겹친 부분을 스템플러로 고정합니다. 이렇게 하면 주머니 하나가 더 생깁니다.

3. 여분의 종이를 가지고 2개의 주머니에 들어갈 수 있게 오려 넣으면 됩니다.

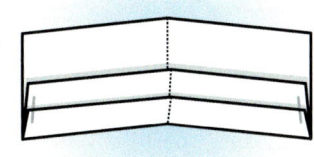

✩ 도움이 되는 힌트 : 스템플러를 너무 가장자리에 바짝 박지 않도록 합니다. 그렇게 하면 종이가 약해서 찢어질 수 있습니다.

• 활용 2
이중 접는 주머니로 가족사진 앨범을 만듭니다. 종이조각에 가족을 그리고 설명하는 글을 씁니다. 그림을 그린 종이들을 접는 주머니 안에 넣습니다.

• 활용 3
계절과 관련해서 여러 가지 옷을 그리고 이름을 씁니다. 그리고 오린 다음 여름옷은 왼쪽 주머니에, 겨울옷은 오른쪽 주머니에 찾아 넣도록 합니다.

뚜껑 달린 주머니

1. 이중 접는 주머니를 1단계까지 따라 만듭니다. 그런 다음 양면을 가운데 중심선에 맞추어 접었다가 다시 펼칩니다. 그러면 4개의 주머니가 생깁니다.

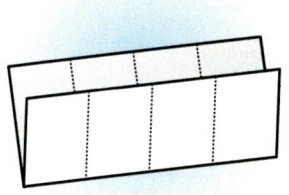

2. 위쪽에 남아 있는 부분을 앞으로 넘겨 접으면 주머니의 뚜껑이 만들어집니다. 다시 뚜껑 부분을 펼친 다음, 4개의 주머니 모서리를 각각 오려 내고 양쪽 가장자리를 스템플러로 고정합니다.

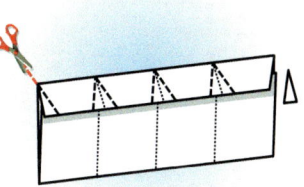

3. 각 주머니에 제목을 답니다.

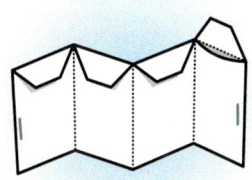

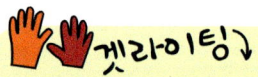 겟라이팅↲

• 활용 4
'오늘 꼭 해야 할 일'이라는 주제로 프로젝트를 진행합니다. 종이마다 독서, 영어, 수 공부 같은 해야 할 일들을 쓰고 주머니 안에 넣습니다.

• 활용 5
'외식하기'라는 제목으로 프로젝트를 진행합니다. 주머니마다 1가지씩 외식과 관련된 것을 만듭니다. 음식점 메뉴판, 주문 목록, 계산서, '또 오세요' 카드 같은 것을 만들 수 있습니다.

✦ 도움이 되는 힌트 : 반 전체 아이들이 만든 것을 넣을 수 있는 커다란 주머니를 함께 만들어보는 것도 좋습니다.

3. 가장자리를 접어놓은 양면을 가운데 중심선에 맞추어 접습니다.

4. X자 표시가 된 모서리를 사선으로 접습니다.

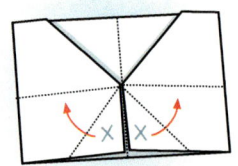

5. 종이를 세로로 반 접고, 2단계에서 만든 플랩 안으로 모서리를 집어넣습니다.

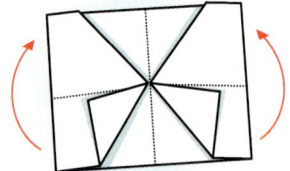

6. 끝으로 책을 가로로 반 접으면 오리가미 지갑이 완성됩니다.

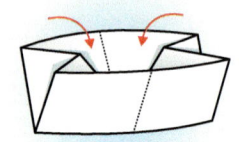

오리가미 지갑

1. A3 크기의 종이로 기본형 지그재그 책을 만듭니다. 종이를 펼쳐서 가로로 길게 놓은 다음, 위와 아래 면을 가운데 중심선에 맞추어 접습니다.

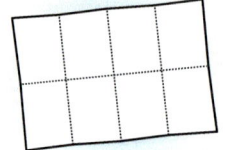

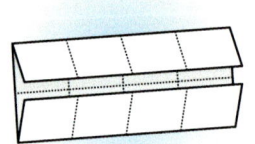

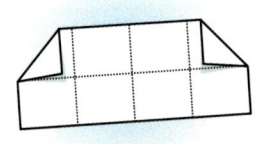 겟라이팅↲

• 활용 6
지갑 안에 어떤 것들을 넣을지 아이들과 토론합니다. 예를 들면 버스 승차권, 선물 쿠폰이나 지폐 같은 것들을 넣을 수 있습니다.

2. 종이를 뒤집어 뒤쪽이 앞으로 오도록 한 다음, 위쪽 양면 가장자리의 모서리를 그림처럼 접습니다.

→ 알리샤(5세)가 만든 「도검」입니다. 교사의 강아지 인형 도검이 글쓰기 프로젝트의 바탕이 되었습니다. 지갑에는 아이들이 대상을 하나 정해놓고 생일카드, 건강을 기원하는 카드, 선물과 편지들을 써서 주머니에 넣었습니다.

Folded cards

11. 접는 카드

인사카드는 만들기도 쉽고 받는 사람과 정서적 유대감이 생기기 때문에 특별한 느낌이 듭니다. 또 카드는 아이들이 글쓰기 공부를 시작할 때 활용하기에 알맞습니다.

Make the basic folded card

기본형 접는 카드 만들기

1. A4 크기의 종이를 가로로 반을 접고 다시 세로로도 반을 접습니다. 그리고 종이를 다시 펼친 다음, 그림처럼 위쪽이 곡선으로 된 문을 오려 냅니다.

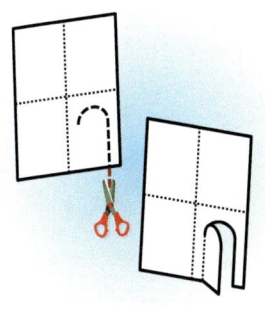

2. 다시 종이를 접어 카드 모양으로 만듭니다.

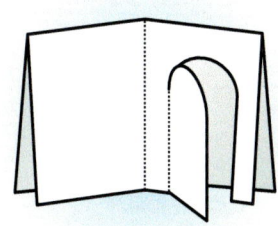

51

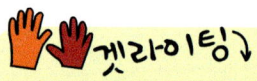

- 활용 1

왼쪽 면에 '문 뒤에 누가(혹은 무엇이) 있을까?' 같은 질문을 씁니다. 그리고 문 안쪽에 답이 될 만한 것을 그리게 하고, 열면 보이는 문 뒷면에 설명글을 씁니다.

- 활용 2

아이들에게 카드 표지를 디자인하도록 합니다. 제목은 '깜짝이야!'라고 붙일 수도 있습니다.

- 활용 3

로켓을 꾸미고, 그 면에 운석과 별, 그리고 지구가 있는 우주를 배경으로 그립니다. 자신과 친한 친구들이 우주로 날아가서 무엇을 했는지 글로 써봅니다.

- 활용 4

나무집 프로젝트를 할 수도 있습니다. 카드를 꾸민 다음에 왼쪽 면에 '나의 나무집에는 …가 있다'라는 식으로 글을 쓰게 합니다. 아이들은 이 글을 어떻게 완성할까요?

우주 로켓 카드

✦ 도움이 되는 힌트 : 여러 가지 색종이를 사용하거나 여러 장의 얇은 카드를 사용해 보는 것도 재미있습니다.

1. 기본형 접는 카드를 1단계까지 따라 만듭니다. 이번에는 로켓(혹은 나무) 모양을 그려서 오려야 합니다. 이때 모양을 전부 오리지 않도록 주의합니다.

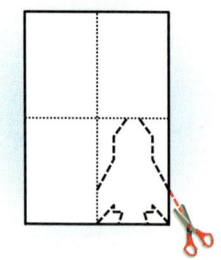

팝업 동물 카드

2. 종이를 다시 접어 카드 모양으로 만듭니다.

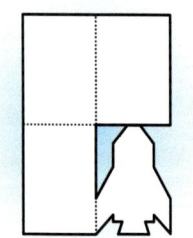

1. A4 크기의 종이를 가로로 반을 접습니다. 다시 펼친 다음 세로로 반을 접습니다. 그리고 그림처럼 접힌 쪽에서 4분의 1 크기의 원을 오립니다.

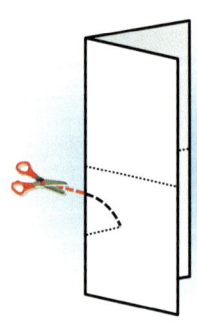

2. 4분의 1 크기의 원을 사선으로 앞뒤로 한 번씩 접어 놓습니다.

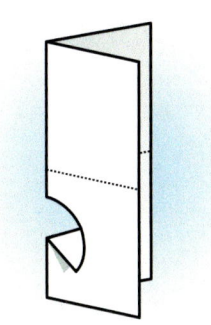

3. 다시 종이를 펼친 다음, 위쪽 종이를 뒤로 내려 접고 카드를 닫습니다. 카드를 펼칠 때 팝업이 잘 튀어나오는지 확인합니다.

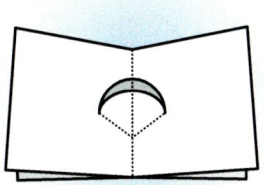

책 상자

1. A4 크기의 종이를 가로로 반을 접었다가 펼친 다음, 세로로 반을 접습니다. 연필로 먼저 사람 모양을 반만 그립니다. 그리고 접힌 부분에서 머리와 어깨 부분을 오리고 아랫부분에도 그림처럼 연결된 부분을 오려 놓습니다.

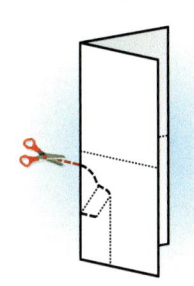

2. 사람 모양 전부를 앞뒤로 한 번씩 접은 다음 모두 펼쳐 놓습니다.

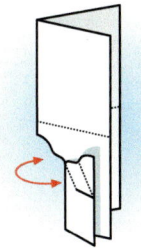

3. 이번에는 목 부분을 앞뒤로 한 번씩 접었다가 펼치고 접습니다. 어깨 부분도 마찬가지 방법으로 합니다.

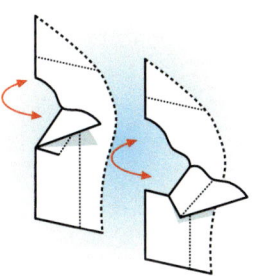

4. 종이를 완전히 펼친 다음 위쪽을 아래로 내려 접습니다. 그리고 카드를 덮은 다음 팝업이 앞으로 튀어나오게 하면서 다시 반을 접습니다.

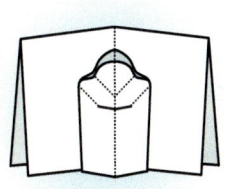

5. 어깨의 접힌 자국은 안으로 접고, 목의 접힌 자국은 바깥으로 접습니다. 그리고 카드를 열었다 닫으면 상자 안의 잭이 일어났다 누웠다 합니다.

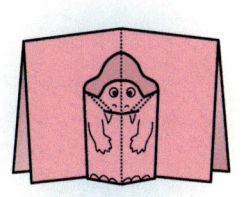

✋✋ 겟라이팅↲

• 활용 5

동물을 주제로 한 프로젝트를 진행하면서 아이들과 열대우림에 대해 이야기합니다. '열대우림 지역에서 나는 …을 볼 수 있다…'는 식의 글을 앞표지에 씁니다. 안에는 열대우림에서 사는 동물을 팝업 위에 그리고, 그 주변은 나무와 식물로 꾸밉니다. 팝업 아래에는 동물 이름을 씁니다.

• 활용 6

아이들에게 잃어버린 고양이를 찾는 포스터를 만들어 보게 합니다. 포스터를 그리려면 '보상금은 얼마로 할까? 고양이는 어떻게 생겼나? 고양이의 나이는?' 등등을 생각해야 합니다.

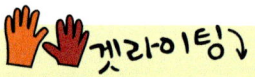 겟라이팅

- **활용 7**

팝업 부분에 괴물을 그립니다. 상자를 색칠하고 괴물의 이름도 지어 줍니다. 괴물이 아침식사나 저녁식사로 좋아하는 것을 팝업 양쪽에 써줄 수도 있습니다.

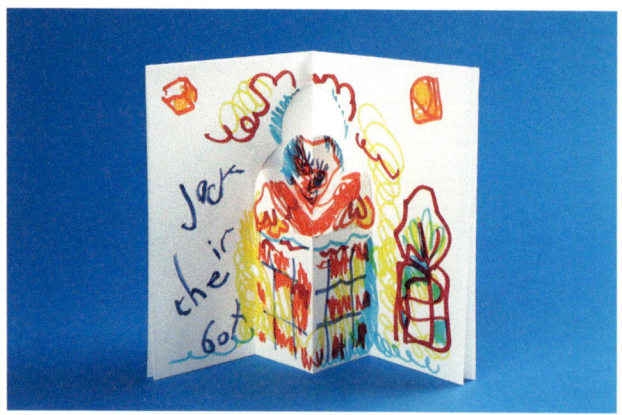

→ 제이슨(5세)이 만든 「상자 안의 잭」입니다. 글쓰기를 무척 싫어하는 제이슨은 이 마술 같은 팝업에 반해 기꺼이 글을 썼습니다.

Surprise cards

12. 깜짝 카드

팝업 안에 팝업이 생기는, 즉 이중 팝업 형식의(팝업과 맞물림이 들어간) 안부인사 카드는 1850년대에 처음 나왔습니다. 풀로 붙이지 않을 뿐만 아니라 만들기도 쉬워 종교적인 축일이나 가족의 기념일을 축하하는 카드로 많이 사용할 수 있습니다.

Make the basic theatre card

기본형 무대 카드 만들기

1. A4 크기의 종이를 세로로 반 접었다가 펼친 다음, 가로로 반 접습니다. 접힌 쪽에서 45도가 되게 오립니다.

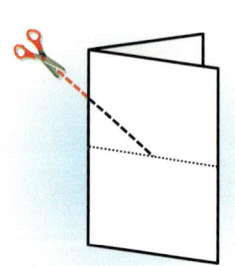

2. 오린 부분을 앞뒤로 한 번씩 접었다가 펼칩니다.

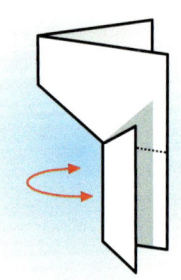

3. 오린 부분 안에 연극 무대가 만들어지도록 위 아래를 오립니다. 오린 부분을 앞뒤로 한 번씩 접었다가 펼칩니다.

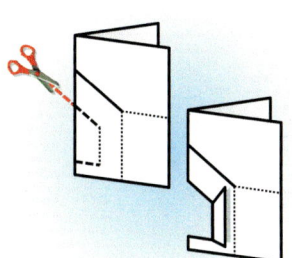

4. 종이를 다 펼쳤다가 위쪽을 아래로 내려 접은 다음, 카드를 반 닫으면 무대 모양이 완성됩니다.

5. 다시 펼쳐서 팝업 무대를 안으로 밀어주면 됩니다.

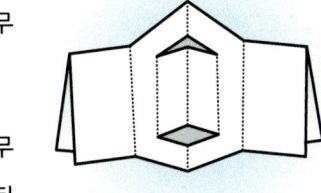

2. 접힌 부분을 다시 가운데 중심선에 맞추어 접었다가 뒤로도 한 번 접은 다음 펼칩니다.

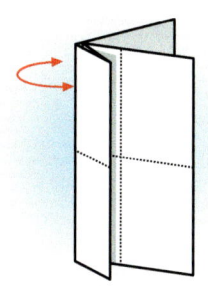

3. 접힌 쪽 아랫부분에 곡선이 있는 창문을 오려 냅니다.

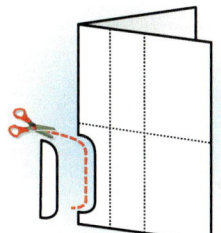

4. 종이를 다시 펼쳐서 세로로 반을 접습니다. 오린 창문이 앞으로 튀어나오도록 양쪽 부분을 그림처럼 접어줍니다.

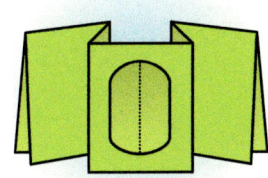

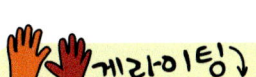

- 활용 1

들어가 있는 팝업에는 카드 받을 사람을 그리고, 튀어나오는 팝업 가장자리는 꾸며 줍니다. 옆면에 '당신이 …이기를 바랍니다'라는 글을 써넣습니다. 생일, 특별한 날 등 상황에 맞추어 카드를 쓰면 됩니다. 카드 표지에는 어떤 말을 쓸지 아이들과 의논하도록 합니다.

각이 진 무대 카드

1. 기본형 지그재그 책을 만든 다음, 펼쳐서 가로로 반을 접습니다.

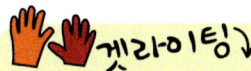

- 활용 2

팝업 안쪽에는 좋아하는 유명인사를 그리고 옆면에는 그 사람에 대한 글을 씁니다.

- 활용 3

요즘 교실에서 함께 읽고 있는 이야기 장면 중 하나를 선택합니다. 아이들이 그 장면을 카드에 그리고 설명글을 씁니다.

- 활용 4

막이 내린 뒤 관중이 박수를 쳐 출연자들을 막 앞으로 불러내는 것을 커튼콜이라 합니다. 이야기나 무언극의 주인공들을 창문 안쪽에 그리고 연극 프로그램에서처럼 나오는 사람들의 이름을 씁니다.

✨ 도움이 되는 힌트 : 종이에 사람 모양을 오리고, 무대의 창문 뒤쪽에 붙여서 입체적인 효과를 낼 수 있습니다.

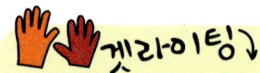

- 활용 5

무대 창문 안쪽에 파티 장면을 그리고, 바깥쪽 틀에 파티 초대글을 씁니다. 초대장에 맞춤하게 모양을 내거나 풍선, 크래커, 선물처럼 파티에 쓰이는 물건들로 꾸밉니다.

맞물리는 무대 카드

→ 파힘(6세)이 만든 「산타클로스가 굴뚝으로 들어오네」입니다. 산타클로스에 대해 이야기를 나눈 다음, 교사가 중요한 낱말을 칠판에 적어 놓습니다. 파힘은 그 낱말 중 마음에 드는 것들을 선택해 책에 적었습니다.

이런 무대를 만들 때는 주의해서 오려야 합니다. 아이들이 만들 때도 교사가 도와주도록 합니다.

1. A4 크기의 종이를 세로로 반을 접었다가 펼치고 가로로도 반을 접었다가 펼칩니다. 그런 다음 3등분 되도록 접었다가 모두 펼쳐 놓습니다.

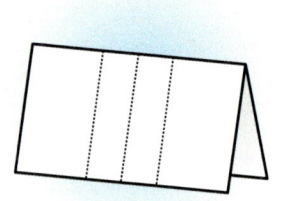

2. 왼쪽 가장자리를 첫 번째 접은 자국에 맞추어 반으로 접고 곡선으로 된 창문을 오려 낸 다음 펼쳐 놓습니다. 오른쪽 가장자리도 같은 방법으로 창문을 만듭니다.

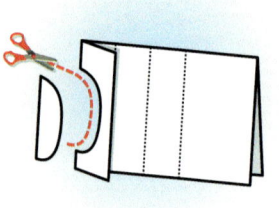

3. 창문 아래와 위쪽에 그림처럼 구멍이 만들어졌는지 확인합니다.

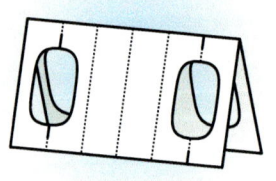

4. 카드의 면들을 한데 맞추어 창구멍에 끼워서 무대를 만듭니다.

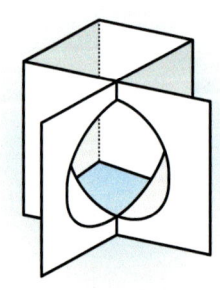

무대 전시하기

아이들이 만들기에는 복잡한 부분이 있으므로 교사가 도와주도록 합니다.

1. A5 크기의 종이 한 장을 가로로 반 접습니다. 오른쪽 끝에서 1cm 떨어진 곳에 자를 놓고 종이(이 부분은 여백이 될 것입니다)를 접은 다음 모두 펼칩니다.

2. 이번에는 접힌 쪽에서 1단계에서 접어놓은 부분까지 접습니다.

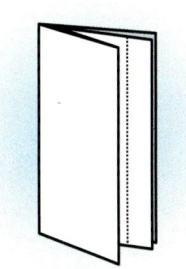

3. 그림처럼 오린 다음 종이를 다 펼칩니다.

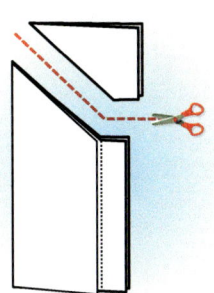

4. 접힌 여백의 가장자리가 중심선과 만나도록 종이의 가장자리를 안으로 접어 넣습니다. 한 면에 곡선으로 된 창문을 오리고 여백에 풀칠하여 한데 붙입니다.

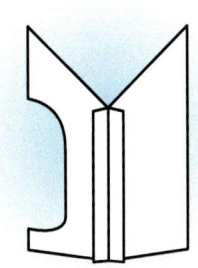

5. 여백에 풀칠해서 여러 개의 똑같은 무대를 연결할 수 있습니다.

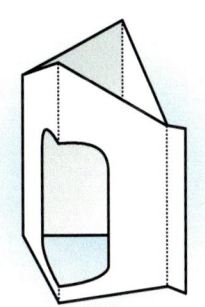

✪ 도움이 되는 힌트 : 검은 종이로 무대를 만들고, 콜라주 기법으로 꾸며 시각 효과를 높일 수 있습니다.

• 활용 6
반 전체가 함께 멋진 무대를 만들어 전시합니다.

그리고 여러 가지 소개 방법을 찾아봅니다.

• 활용 7
가든쇼에 대해서 이야기를 나눕니다. 아이들이 창문 안쪽에다 정원(아니면 꽃을 하나씩)을 그리고 아래에 '봄에는…'으로 시작하는 설명글을 씁니다.

→ 김희재(9세)가 만든 「늑대와 돼지가 싸워서 재판장에 갔어」입니다. 책을 펼치면 늑대와 돼지가 무대에 입장하는 면이 펼쳐집니다. 그리고 뒷면에 서로의 입장을 밝히는 내용을 본문으로 만들었습니다. 뒷표지에는 이야기의 배경이 되는 재판장의 풍경을 그려넣어 책에 대한 설명을 한눈에 알아보도록 했습니다.

Theatre books
13. 무대 책

4. 양쪽 문을 열어놓습니다.

아이들의 장난감 무대는 19세기에 처음 생겼는데 지금까지 계속해서 사랑을 받고 있습니다. 이런 무대들은 여러 겹의 종이를 함께 오려서 만들어야 하기 때문에 교사가 도와주도록 합니다.

Make the basic theatre book
기본형 책만들기

1. A3 크기의 종이로 기본형 지그재그 책을 만든 다음 모두 펼칩니다. 세로로 반을 접고 가로로도 다시 반을 접습니다. 왼쪽 접힌 부분의 위 아래를 오려 플랩을 만듭니다.

2. 종이를 가로로 펼치고 플랩의 중심선을 오려서 문이 2개가 되도록 합니다. 그리고 문을 옆으로 한 번씩 접어줍니다.

3. 종이의 양쪽 옆면을 뒤로 접고 왼쪽 가장자리를 오른쪽 가장자리에 끼워넣어 정삼각형이 되도록 합니다.

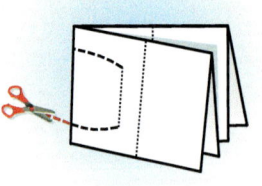
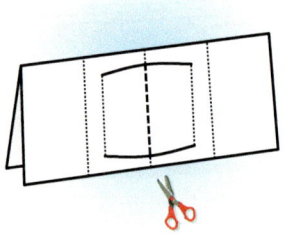
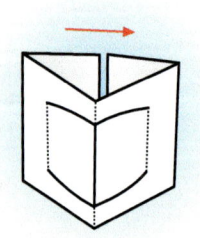

🖐 겟라이팅↓

• **활용 1**
무대를 펼쳐서 평평하게 한 다음, 글 쓰는 공간으로 문을 활용합니다. 필요하다면 반 아이들에게 나누어주기 전에 배경막을 장식하는 그림을 그립니다.

• **활용 2**
왼쪽 문에 1부터 4까지, 오른쪽 문에 5부터 8까지 쪽번호를 붙입니다. 반 아이들에게 「알라딘」 이야기를 들려줍니다. 그런 다음 아이들에게 이야기를 대화체로 쓰게 합니다. 예를 들면 이렇게 시작할 수 있습니다.

알라딘 : 내가 이 램프를 문지를 것이다.
지니 : 네, 주인님. 소원을 말씀하십시오.
알라딘 : 나는…

오른쪽 안쪽 면에 알라딘과 지니를 그린 다음, 다시 무대로 만듭니다.

내려서 여는 무대 책

1. A3 크기의 종이로 기본형 지그재그 책을 만든 다음 이것을 모두 펼칩니다. 세로로 반을 접은 다음, 가로로

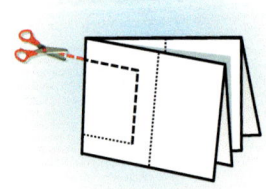

도 반을 접습니다. 접힌 부분에서 왼쪽 부분을 그림처럼 오립니다. 그림을 잘 보고 실수하지 않도록 주의해야 합니다.

• 활용 5
아이들에게 친구와 함께 겪은 모험담을 대화체로 쓰게 합니다.

2. 플랩을 앞으로 접었다가 다시 뒤로도 넘겨 접습니다.

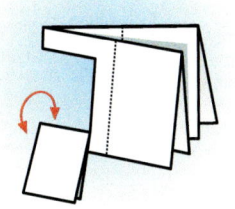

☆ 도움이 되는 힌트 : 장식용 종이나 포장지로 무대를 만들어 봅니다.

3. 종이를 가로로 펼치고 플랩의 중심선을 오려 2개의 면으로 만듭니다.

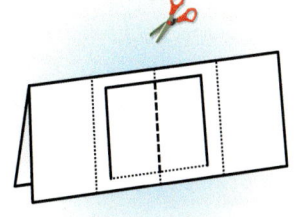

뾰족 무대 책

4. 종이의 양쪽 옆면을 뒤로 접고 왼쪽 가장자리를 오른쪽 가장자리에 끼워넣어 무대를 만든 다음, 플랩을 아래로 당깁니다.

1. A3 크기의 종이로 기본형 지그재그 책을 만든 다음 모두 펼칩니다. 이것을 세로로 접고, 다시 가로로도 반을 접습니다. 그런 다음 그림처럼 오려줍니다. 먼저 연필로 선을 그리고 오리면 실수를 줄일 수 있습니다.

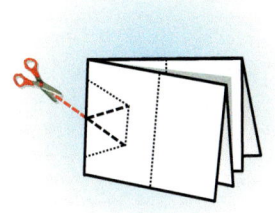

✋✋ 겟라이팅↗

• 활용 3
내려서 여는 면에 잘 알려진 옛이야기 주인공들을 한 면에 한 사람씩 그리고 이름을 붙입니다. 그런 다음 무대 배경 장면을 그립니다.

2. 일단 종이를 펼치고 플랩의 중심선에 난 접힌 자국을 오려줍니다.

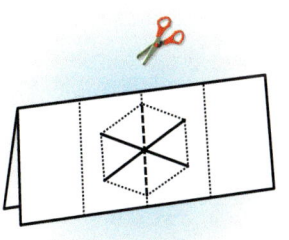

• 활용 4
「생강빵 소년」 같은 옛이야기를 활용해서 생강빵 소년을 내려서 여는 무대에 그립니다. 각 면들은 생강빵 소년의 일기장이 됩니다. 예를 들면 '월요일. 나는 …로 달렸다. …를 했다'라는 식입니다.

3. 앞에서 만든 것처럼 무대를 만든 다음, 플랩을 모두 엽니다.

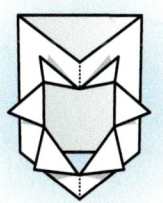

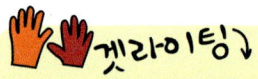

- **활용 6**

  깜짝 무대를 만듭니다. 예컨대 뾰족한 플랩을 열면 그 안쪽에 '어머니의 날, 고맙습니다' 같은 글이 쓰여 있고, 깜짝 놀랄 만한 그림을 그려놓습니다.

- **활용 7**

  안데르센의 「눈의 여왕」 이야기를 읽어줍니다. 아이들에게 문 안쪽에 여왕의 궁전을 그리게 합니다. 뾰족한 면들은 고드름을 나타낼 수 있습니다. 눈의 여왕에 관한 것, 예컨대 '눈의 여왕이 어떤 사람인가' 하는 것을 뒷면에 씁니다.

모델 무대 책

1. A3 크기의 종이를 세로로 반을 접고 오려서 종이 2장을 만듭니다. 그 중 1장을 가로로 길게 놓고 왼쪽에 1cm 정도 접어줍니다.

2. 접어놓은 상태에서 가로로 반을 접고 다시 펼칩니다. 그리고 다시 중심선에 맞추어 접힌 왼면과 오른면을 접었다가 다시 펼쳐놓습니다.

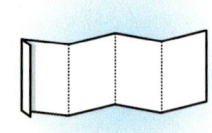

3. 왼쪽의 접힌 부분을 첫째 접은 선에 맞추어 접었다가 펼칩니다. 그림처럼 접어서 이 부분을 지그재그로 접습니다. 셋째 면도 같은 방법으로 접어놓습니다.

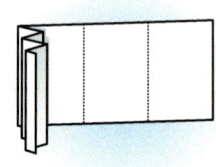

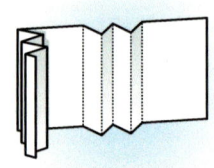

4. 둘째 면을 가로로 반 접고 동그란 곡선 모양을 오린 다음 펼칩니다.

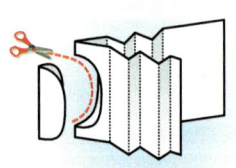

5. 왼쪽에 1cm 접어놓은 부분에 풀칠한 다음, 넷째 면에 붙여줍니다. 그리고 옆면을 지그재그로 확실하게 접히도록 다시 한 번 접어줍니다.

6. 무대의 배경에 그림이 들어간 면을 만듭니다.

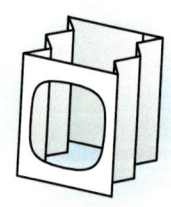

→ 할리마(7세)가 만든 「아기돼지 삼형제」입니다. 교사가 제목이 들어간 초안종이를 아이들에게 주었습니다. 글은 내려서 여는 무대의 문 위에 썼습니다. 배경이 되는 부분은 벽돌집을 보여줍니다. 그리고 마지막 장면을 무대의 틀로 삼았습니다.

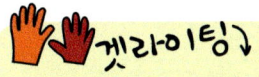

- **활용 8**

다른 나라의 문화를 공부할 때 활용합니다. 예컨대 원주민의 탄생신화는 어떻게 빛이 모든 것을 살아나게 만들었고, 강물이 흐르고, 식물이 자라고, 새가 울게 되었는지를 보여줍니다. 아이들은 이 장면을 내서 여는 문에 그리고 이것을 무대에 붙입니다. 한 권의 지그재그 책으로 세상에 빛이 생기면서 자라난 것들의 목록을 만들어 볼 수도 있습니다.

⭐ 도움이 되는 힌트 : 전시할 때는 입체가 되게 하고, 보관할 때는 평면 상태가 되게 합니다.

14. 팝업 무대 책

아이들은 언제나 팝업의 세계에 매혹됩니다. 그렇기 때문에 글쓰기 프로젝트를 할 때 아이들에게 글을 쓰도록 하는 훌륭한 자극제가 될 수 있습니다. 이 '90도 팝업 무대'는 만들기 쉽고, 원하면 한데 연결해 팝업책을 만들 수도 있습니다.

Make the basic pop-up theatre
기본형 책만들기

1. A4 크기의 종이를 세로로 반을 접고 오려서 종이 2장을 만듭니다. 그 중 1장을 세로로 길게 놓고 위쪽을 1cm 정도 접어줍니다.

2. 접힌 상태에서 아래쪽 끝부분에 맞추어 접었다가 펼쳐줍니다.

3. 접힌 부분을 2cm 정도만 다시 아래로 내려 접습니다. 이번에는 아래쪽을 2cm 내려 접은 지점까지 올려 접었다가 다시 펼칩니다.

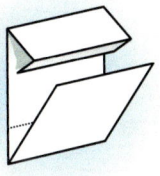

4. 그림처럼 곡선으로 된 무대 입구를 그려놓고 오립니다.

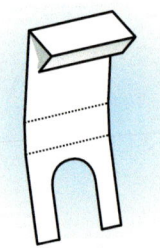

5. 종이의 위아래를 뒤집어 놓습니다. 그리고 무대 안쪽이 될 아랫면에 배경을 그립니다.

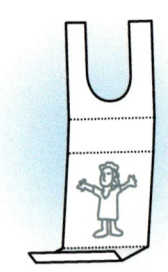

6. 위쪽을 내려 접고 아래쪽에 있는 플랩에 풀칠해서 붙입니다.

7. 남은 종이 1장을 가로로 반 접어서 바닥과 뒷면을 만듭니다. 여기에 무대를 붙이면 완성됩니다.

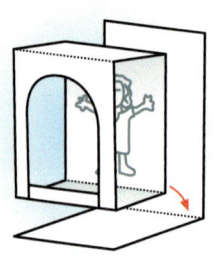

자동차/가게/집 책

1. 기본형 팝업 무대 책을 4단계까지 따라 만듭니다. 하지만 이번 경우에는 무대 입구 대신 집이나 가게, 자동차 모양을 그려서 오려야 합니다.

2. 배경 그림을 완성하고 나서는 기본형 팝업 무대 책을 6단계와 7단계까지 따라 만듭니다.

3. 무대를 평평하게 놓고 자동차나 가게, 집의 세세한 부분을 그려넣은 다음, 바닥에 풀로 붙입니다.

✪ 도움이 되는 힌트 : 안쪽의 그림들을 모두 완성할 때까지 무대를 풀로 붙이면 안 됩니다.

겟라이팅

• **활용 1**
'우리 학교에 온 것을 환영합니다.' 아이들에게 환영한다고 손을 흔들고 있는 한 아이를 무대 배경막에 그리게 합니다. 그런 다음 무대를 바닥에 붙이고 앞쪽에 '우리 학교에 온 것을 환영합니다.' 라고 씁니다.

겟라이팅

• **활용 2**
자동차를 그린 다음, 운전 중에 만난 첫 번째 사람에 대한 설명을 글로 씁니다. 이것을 특별한 여행으로 만들 수도 있습니다.

• **활용 3**
'우리 가게에서는 무엇을 팔까?'라는 주제로 만듭니다. 아이들에게 가게를 그리게 하고, 가게에서 파는 물건 목록을 앞면에 쓰도록 합니다.

- **활용 4**

  무대에 나의 집을 그리고, 거기에서 사는 사람(동물을 포함하여)을 묘사하는 글을 앞면에 씁니다.

→ 하산(5세)이 만든 「마법의 자동차」입니다. 교사가 자동차 템플릿을 그려서 복사하여 아이들에게 나누어 주었습니다. 그런 다음 보조 교사와 함께 접고 잘라서 팝업 모양을 만들었습니다. 그리고 아이들은 붙이는 작업을 했습니다.

3. 주의해서 팝업 상자를 무대 안으로 튀어나오게 합니다.

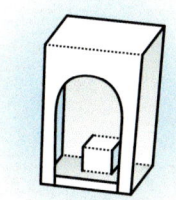

4. 아치 모양에 사람이 있는 면을 팝업 상자 안쪽에 풀로 붙입니다. 그리고 앞에서 한 것처럼 무대의 나머지 부분을 완성합니다.

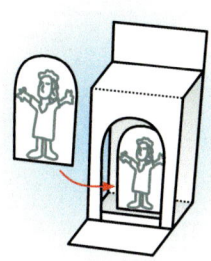

✧ 도움이 되는 힌트 : 아치 출구를 종이 가장자리에 가깝게 오리면 안 됩니다. 무대가 잘 서지 않기 때문입니다.

사람 팝업 무대 책

1. 배경 그림을 포함하여 기본형 팝업 무대 책을 만들지만 바탕종이에 붙이지는 않습니다. 대신 무대의 뒤쪽을 팝업이 튀어나오도록 그림처럼 작게 오립니다.

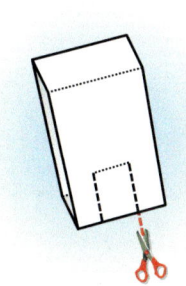

2. 오려놓은 부분을 앞뒤로 접었다가 펼쳐줍니다. 이것은 작은 팝업 상자가 될 것입니다.

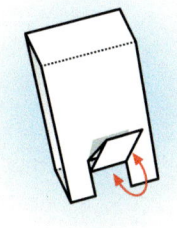

겟라이팅

- **활용 5**

  반 아이들은 어떤 사람을 좋아할까? 아이들에게 좋아하는 사람을 그리고 그에 알맞은 배경을 그리게 합니다. 예를 들면 올림픽 육상 선수를 그리고, 배경으로 운동장을 그리는 방식으로 하면 됩니다. 그런 다음 이 사람이 쓰는 일기를 써봅니다.

- **활용 6**

  엄지 톰을 만들고, 아주 작아질 때까지 좋은 점 한 가지와 나쁜 점 한 가지를 써봅니다.

팝업 무대 책

팝업 무대를 3개 만들어 한데 붙인 다음, 접어서 감싸는 표지를 덧댑니다.

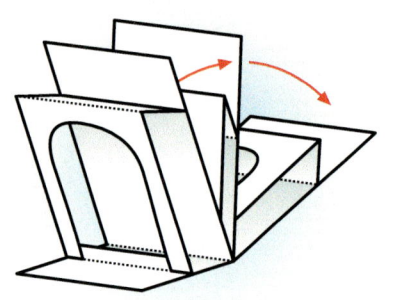

- **활용 7**

「잭과 콩나무」 이야기를 무대 3개의 배경막에 그립니다. 그리고 사람 팝업 무대 책에서 설명한 대로 사람 팝업을 만듭니다. 무대 장면은 다음과 같습니다.

1. 잭이 콩나무를 타고 올라갑니다.
2. 잭이 성 안으로 들어가서 거인을 보게 됩니다.
3. 잭이 황금을 가지고 콩나무를 타고 내려옵니다.

각 무대의 앞면에 각 에피소드에 관한 글을 씁니다.

토론할 문제 : 이야기는 어떻게 시작하는가? 잭이 콩나무 꼭대기에 올라갔을 때 무슨 일이 생기는가? 이야기는 결국 어떻게 되는가?

Backdrop pop-ups

15. 배경막 팝업 책

이런 유형의 종이 공학은 출판되는 팝업 책에 일반적으로 많이 등장합니다. 그래서 사례들을 아주 많이 찾아볼 수 있습니다. '배경막' 형태가 좋은 것 중 하나는 아이들의 글쓰기에 도움이 될 만한 토대를 온전히 가지고 있다는 점입니다.

Make the basic backdrop pop-up

기본형 책만들기

1. A4 크기의 종이를 가로로 반 접습니다. 바탕종이가 될 것입니다. 이번에는 A4 크기의 다른 종이를 가로로 반을 접고 오려서 종이 2장을 만듭니다. 그 중 1장을 세로로 반 접습니다. 접힌 가장자리의 아래쪽 모서리에 그림처럼 작은 삼각형을 오려 냅니다.

2. 삼각형을 오려 낸 길이만큼 아래쪽 가장자리를 앞뒤로 접었다 펴서 풀칠 자리를 만듭니다.

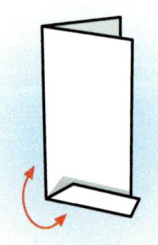

3. 오른쪽의 그림처럼 로켓 모양을 그려서 오려 냅니다.

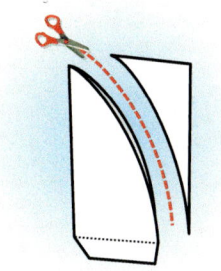

4. 글과 그림('겟라이팅 활용' 참조)을 완성했으면 풀칠자리에 풀칠을 하고 1단계에서 만들어둔 바탕종이에 붙입니다. 이때 바탕종이의 접힌 부분과 삼각형의 잘려나간 선이 나란하도록 맞춥니다.

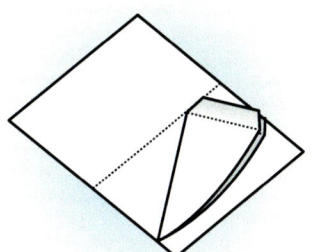

5. 다시 풀칠자리에 풀칠을 한 다음, 바탕종이를 덮어 붙여줍니다. 풀이 완전히 마를 때까지 기다렸다가 나머지 부분을 완성합니다.

✪ 도움이 되는 힌트 : 풀칠자리를 평평하게 하고 풀칠하도록 합니다. 풀칠자리가 접히게 되면 모두 붙어버리기 때문입니다.

• **활용 1**
팝업 로켓에 유리창으로 바라보고 있는 우주비행사의 얼굴 모습을 꾸밉니다. 바탕종이의 왼쪽 면을 이용해 우주비행사들이 우주여행을 점검할 목록을 만들어봅니다. 오른쪽 면에는 첫 비행에 나선 우주비행사의 일지를 써보도록 합니다. '나는 발사 단추를 눌렀다. 그리고….'

야자수 배경막 팝업 책

1. 기본형 배경막 팝업 책을 2단계까지 따라 만듭니다. 이번에는 로켓 대신 야자수 모양을 그려서 오립니다.

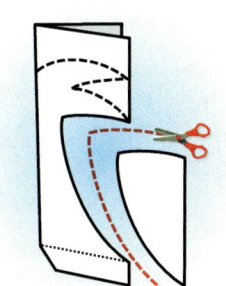

2. 다시 기본형 배경막 팝업 책의 4단계를 따라 만듭니다.

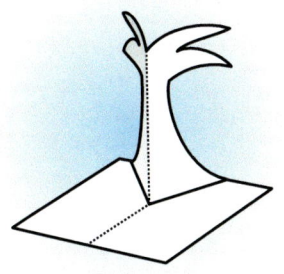

3. 꾸밈종이 중 기다란 종이를 세로로 반 오립니다. 그 중 1장을 가로로 반 접습니다. 나머지 1장은 다른 프로젝트를 위해 남겨둡니다. 그 다음 접힌 가장자리의 아래쪽에 풀칠자리를 접고 모서리를 삼각형으로 오려 냅니다. 기본형 배경막 팝업 책의 2단계를 따라 만들면 됩니다.

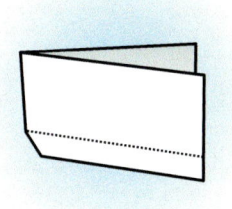

4. 기다란 종이에 간단하게 해변을 그리고 오려서 재미있는 모양을 만들어봅니다.

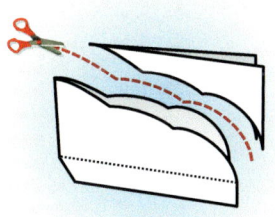

5. 기다란 종이 여백을 바탕에 붙일 때 오려 낸 삼각형 부분과 바탕의 가운데 접은 자국을 맞춥니다.

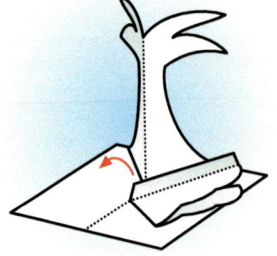

6. 풀이 완전히 마를 때까지 기다렸다가 나머지 부분을 완성합니다.

겟라이팅

• **활용 2**
나무와 섬이 있는 팝업을 꾸밉니다. 그리고 만약 무인도에 갇히게 된다면 어떻게 탈출할 것인지 방법을 생각해보고 바탕종이에 씁니다.

• **활용 3**
열대의 팝업 섬이 여행사 팸플릿에 나오는 광고라고 가정합니다. 그곳이 휴가를 가기에 적당한 장소라는 것을 설명하는 글을 써봅니다.

사람 배경막 팝업 책

1. 기본형 팝업 바탕종이를 먼저 만듭니다. 바탕종이를 가로로 오려 낸 것과 같은 크기로 종이 1장을 오리면 됩니다. 오려놓은 종이 중 1장을 가로로 반 접습니다. 아래쪽 가장자리를 삼각형 모양으로 오린 다음, 오려 낸 만큼 풀칠자리가 되도록 앞뒤로 접어 선을 만들고 펼칩니다.

2. 팝업 종이에 공원이나 가게를 그립니다.

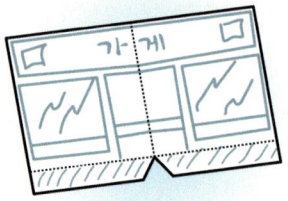

3. 팝업 종이를 접은 다음, 바탕종이에 놓고 풀칠자리에 풀칠한 다음 붙입니다. 한쪽을 먼저 붙인 다음, 나머지 풀칠자리에 풀칠하고 바탕종이를 덮어 잘 붙도록 합니다. 이때 오린 삼각형 부분과 a로 표시된 부분이 잘 맞도록 주의해야 합니다. 풀이 마를 때까지 기다립니다.

★ 주의사항 : 팝업의 각도는 기본 팝업 모양보다 훨씬 작습니다.

4. 사각형 고리를 만들기 위해 작고 기다란 종이를 오려놓습니다. 그런 다음 그림처럼 한쪽을 먼저 접습니다. 풀칠자리가 될 것입니다.

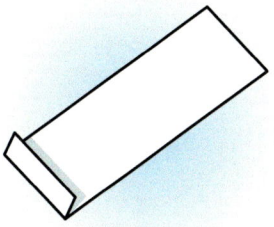

5. 종이를 반으로 접은 다음, 한 번 더 반으로 접어 정사각형을 만듭니다.

6. 사각형 고리를 바탕종이와 팝업 종이에 각각 붙입니다.

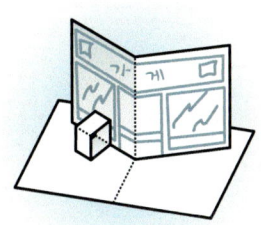

7. 종이에 사람 모양을 그린 다음, 사각형 고리 한 면에 그림처럼 붙입니다. 또 다른 사람을 붙이고 싶으면 사각형 고리를 만들고 같은 방법으로 팝업이 세워지도록 붙이면 됩니다.

8. 때로는 팝업들이 앞으로 떨어지기도 합니다. 이렇게 되지 않게 하려면 팝업의 앞쪽 바탕 가까이에 작은 산 모양을 만들어주도록 합니다.

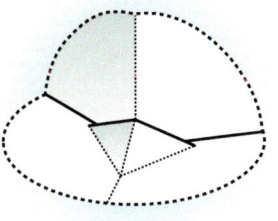

✦ 도움이 되는 힌트 : 두꺼운 종이를 쓸수록 투명풀을 써야 합니다.

✋✋ 겟라이팅↙

• 활용 4
나무 근처에서 놀이를 하고 있는 사람들이 팝업으로 세워져 있는 공원 장면의 배경막을 만듭니다. 그리고 사람들이 하고 있는 놀이를 설명하는 글을 써봅니다.

• 활용 5
아이들에게 가게터를 그리고, 가게에서 일하는 소녀와 소년을 팝업으로 만들어 세우게 합니다. 그리고 시장 볼 목록, 물건의 가격과 총 예산을 씁니다.

→ 리넷(4세)이 만든 「나는 공원에 갔어요…」입니다. 교사가 리넷이 한 이야기를 듣고 컴퓨터에 입력해 인쇄한 것을 바탕종이에 붙였습니다. 리넷은 인쇄한 것을 보고 뿌듯해했습니다. 이런 작업은 아이들로 하여금 글을 쓰고 싶게 하는 자극제가 됩니다.

Tower pop-ups

16. 탑 팝업 책

이것은 출판되는 어린이책에서 쉽게 볼 수 있는 아주 인기 있는 팝업 만들기 기법입니다. 나는 이것을 '탑'이라고 부릅니다. 바탕종이를 펼쳤을 때 팝업이 탑처럼 일어나기 때문입니다. 팝업이 바닥의 한가운데에 접혀 있을 때 그 주변에 글을 쓰면 됩니다.

4. 탭의 한쪽 면에 풀칠하고 바탕종이의 중심선에서 2cm 떨어진 곳에 붙입니다. 나머지 다른 탭에도 풀칠한 다음, 바탕종이를 덮어 붙여줍니다. 풀이 마를 때까지 기다렸다가 바탕종이를 펼칩니다.

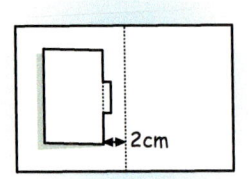

5. 남은 종이로 손잡이를 만들어 붙여줍니다.

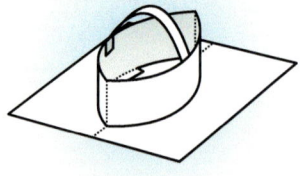

Make the basic tower pop-up

기본형 책만들기

1. A4 크기의 종이를 가로로 반 접어 바탕종이를 만듭니다. 또다른 A4 크기의 종이를 길게 반으로 오린 다음, 그 중 1장을 그림처럼 접어놓습니다. 풀칠자리가 될 것입니다.

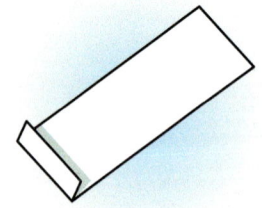

2. 풀칠자리를 접어놓은 상태에서 다시 종이를 반으로 접어 풀로 붙입니다.

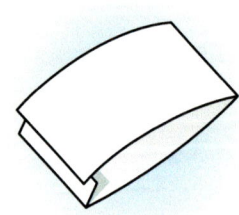

3. 아랫부분 양쪽에서 각각 1cm를 오려 내면서 가운데에 2개의 탭이 나오도록 합니다. 그리고 탭을 앞뒤로 한 번씩 접었다 폅니다. 다음 단계로 넘어가기 전에 팝

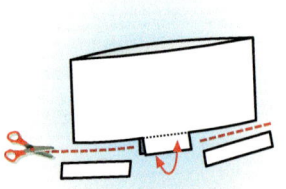

겟라이팅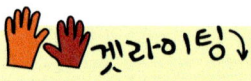

- 활용 1

이 팝업을 피크닉 바구니로 꾸밉니다. 남은 종이에 과일과 샌드위치를 그려서 오린 다음, 바구니 안쪽에 붙입니다. 바탕종이는 체크무늬 테이블보로 꾸밀 수도 있습니다. 앞표지에는 피크닉에 가지고 갈 몸에 좋은 음식 목록을 씁니다. 몸에 해로운 음식은 뒤표지에 써봅니다.

옛이야기 책

'옛날에 구두 안에서 사는 할머니가 있었는데요'라는 운문은 반 프로젝트 삼기에 좋은 주제입니다.

1. 기본형 팝업 바탕종이를 만듭니다. A4 크기의 다른 종이를 가로로 반을 자릅니다. 그리고 한쪽 가장자리에 풀칠자리를 먼저 접어놓습니다. 풀칠자리를 접어놓은 상태에서 다시 종이를 반으로 접은 다음, 풀로 붙입니다. 기본형 탑 팝업 책을 만들 때처럼 아랫부분 양끝을 오려 탭 모양이 나오도록 합니다.

2. 그림처럼 신발 모양이 나오게 나머지 부분을 오려 냅니다.

3. 기본형 탑팝업 책을 만들 때처럼 신발을 바탕종이에 붙입니다. 팝업 모양이 닫히려 하면 바탕종이에 있는 접힌 중심선 위에 작은 산을 만들어주면 됩니다.

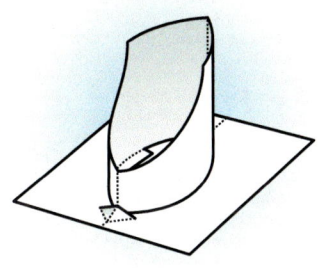

✡ 도움이 되는 힌트 : 바탕종이를 덮었을 때 팝업 부분이 튀어나오지 않도록 해야 합니다.

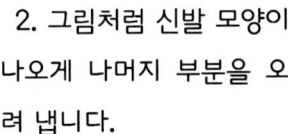

• 활용 2
팝업을 바탕종이에 붙이기 전에 팝업 주변에 운문에 나오는 배경을 그린 다음, 바탕종이에 운문을 씁니다.

• 활용 3
'나는 …을 신고 있다….'

신발을 꾸미고 나서 바탕종이에 어떤 사람들(예컨대 축구선수나 발레리나처럼)이 신고 싶어 하는 신발인지 설명합니다.

가방 / 상자 책

1. A4 크기의 종이로 기본형 탑팝업 책을 3단계까지 따라 만듭니다. 왼쪽과 오른쪽 가장자리를 2cm 정도 앞뒤로 접어서 플랩을 만들었다가 펼쳐줍니다.

2. 만들어놓은 플랩을 안으로 접습니다.

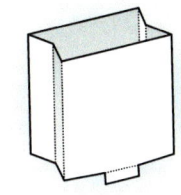

3. 바탕종이의 중심선에서 2cm를 떨어진 곳에 탭을 붙여 마를 때까지 기다립니다.

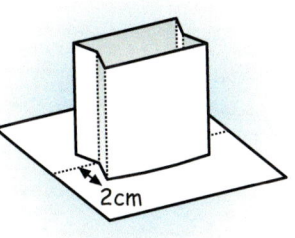

• 활용 4
공작 시간입니다. 아이들은 DIY 공구를 그리고 오려서 공구 상자에 넣습니다. 공구의 이름을 쓰고, 어떻게 사용하는지를 설명합니다.

→ 톰과 레이첼(6세)이 만든 「피크닉 바구니」입니다. 한 아이는 음식 그림을 그려서 오린 다음, 피크닉 바구니에 담니다. 다른 아이는 바탕종이에 피크닉 깔개를 그렸습니다. 그리고 뒤표지에는 바구니 안에 들어 있는 음식 목록을 같이 썼습니다.

노아의 방주 책

1. A2 크기의 종이로 기본형 팝팝업 책을 3단계까지 따라 만듭니다. 그리고 방주 모양을 그려서 오립니다.

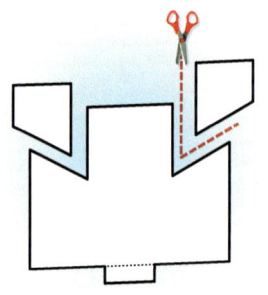

2. 지붕 전체를 앞뒤로 한 번씩 접었다가 펼칩니다.

3. 이번에는 지붕 꼭대기 부분을 그림처럼 앞뒤로 한 번씩 접었다가 펼칩니다.

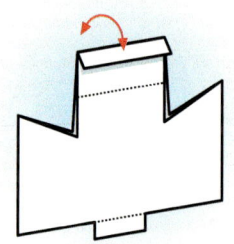

4. 접어놓은 지붕 꼭대기 부분을 안으로 접어넣어 붙입니다.

5. 방주의 양면을 삼각형이 되도록 앞뒤로 한 번씩 접습니다.

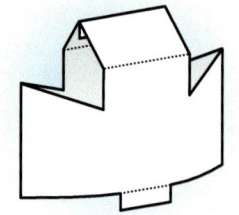

6. 접어놓은 부분을 안으로 접어넣습니다. 방주를 가방과 상자 모양에서 한 방법대로 바탕종이에 붙입니다. 이때 바탕종이의 중심선에서 공간을 좀더 넓게 두고 방주 모양의 팝업 종이를 붙이는 것이 좋습니다.

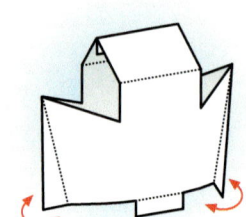

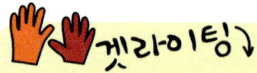 켓라이팅

• 활용 5

동물 한 쌍(아니면 노아와 그의 아내)을 그리고 오립니다. 이 동물 모양을 방주 주변이나 방주 안쪽에 붙일 수 있습니다. 또한 사각형 고리(65쪽 4~7단계까지)를 만들어 동물들을 방주 양면에 붙일 수도 있습니다. 그런 다음 A5 크기의 종이에 이야기의 결말과 무지개의 의미를 쓰고 이것을 바탕종이에 붙여놓은 봉투에 넣습니다.

Puzzle books

17. 퍼즐 책

다면체는 어른 아이 할 것 없이 모두 재미있어 하는 형태입니다. 처음에는 기본형을 만들고 그 다음에는 모든 반 아이들에게 다면체를 만들게 하면서 마지막에 붙이는 것까지 보여주도록 합니다. 아이들 각자가 직접 퍼즐 책을 만들기 전에 스스로 펼치는 과정을 경험해 보게 하는 것이 좋습니다.

Make the basic flexagon

기본형 다면체 만들기

1. A4 크기의 종이를 세로로 반을 접은 다음 또 반을 접습니다. 전체를 펼친 다음, 가로로 반 접고 또 반을 접습니다. 전체를 다시 펼친 다음, 맨 아래쪽 네 칸을 올려 그림처럼 만들어놓습니다.

2. 접어서 만든 네모 칸마다 그림처럼 숫자를 쓴 다음, 가운데에 있는 두 칸의 위, 아래와 오른쪽을 오립니다.

3. 이번에는 종이를 뒤집어 놓고 두 번째 그림처럼 네모 칸마다 숫자를 써 넣습니다.

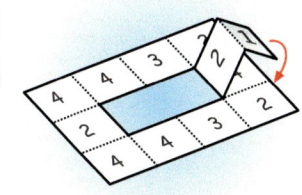

4. 다시 종이를 뒤집고 가운데 두 칸을 오른쪽 가장자리 뒤로 접어서 넘깁니다.

5. 이번에는 왼쪽 가장자리를 한 번 안으로 접고, 다시 한 번 접습니다.

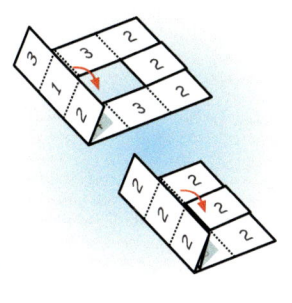

6. 종이를 뒤집어놓고 가운데 칸이 한데 붙도록 작고 기다란 종이에 풀칠하여 붙입니다.

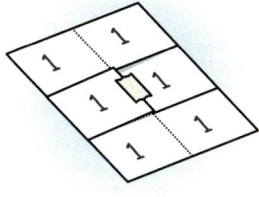

7. 다면체를 사용하려면 2자가 쓰인 모든 칸을 볼 수 있고, 다음에는 다시 3자 칸, 그런 단계로 볼 수 있을 때까지 계속 접어봅니다.

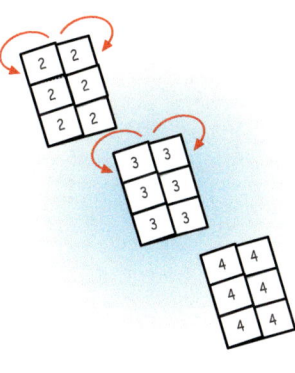

★ 도움이 되는 힌트 : 한데 붙이는 부분이 있을 때 다른 곳에 풀이 묻지 않도록 합니다. 그렇지 않으면 책이 쉽게 열리지 않습니다.

- **활용 1**

  각 다면체 종이의 수직 칸마다 아이들이 자신이 좋아하는 이야기의 주인공을 그려넣도록 합니다. 또한 머리, 몸통, 다리 맞추기에 친구들을 그려넣을 수도 있습니다.

4. 다면체를 사용하려면 그림처럼 여는 법을 따라 하도록 합니다.

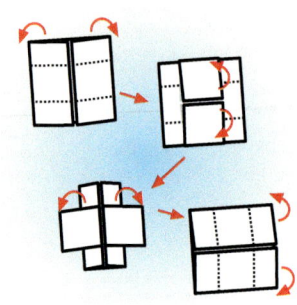

✪ 도움이 되는 힌트 : 접힌 부분을 조심스레 열어야 합니다. 책이 어떻게 되어 있는지 알기도 전에 찢어지기가 쉽기 때문입니다.

다시 하는 다면체!

1. A3나 A4 크기의 종이 2장으로 같은 모양의 네모를 오립니다. 그리고 양끝을 가운데 중심선에 맞추어 접은 다음, 펼쳐 놓습니다. 다른 네모들도 똑같이 합니다.

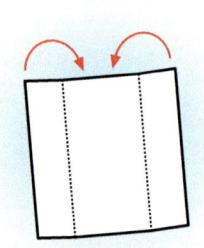

2. 네모를 모두 반으로 접고 그림처럼 숫자를 써 넣습니다.

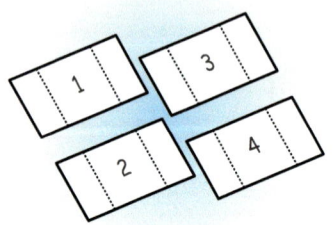

3. 3번 칸과 4번 칸의 모서리를 1번 칸과 2번 칸에 붙입니다.

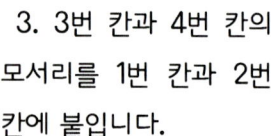

- **활용 2**

  아이들이 다른 놀이, 재미있는 이야기나 재미있는 장소를 칸마다 그리고 이름을 적습니다.

- **활용 3**

  아이들은 칸마다 여러 가지 소원을 쓸 수도 있고, 연필이나 크레용으로 예쁘게 꾸밀 수도 있습니다.

야콥의 사다리 책

중국에서 온 아이들의 옛 장난감에서 착안한 이 책은 신비한 마법 같습니다. 수업을 시작할 때 교사가 만드는 과정을 아이들에게 보여줍니다.

1. A2 크기의 종이로 기본형 8칸이 나오는 책을 만듭니다. 그런 다음 종이 전체를 펼치고 위쪽 가운데 2칸을 잘라냅니다.

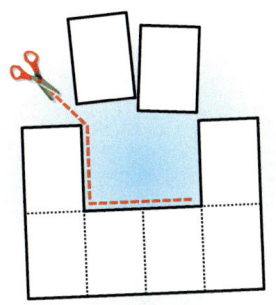

2. 종이를 가로로 반을 접습니다. 접힌 왼쪽면을 같은 크기의 기다란 칸이 되도록 오린 다음 펼칩니다.

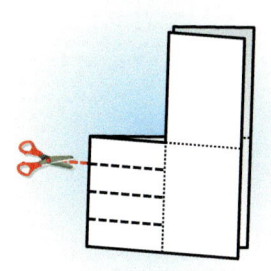

3. 위쪽의 남은 2칸을 내려 접습니다. 그런 다음 오려놓은 A5 크기의 종이를 둘째 면에 그림처럼 같이 끼워넣는데, 옷감을 짜듯 위에서 아래로 내려오면서 번갈아 끼웁니다. 다른 A5 종이를 셋째 면에도 똑같이 끼워넣는데, 이번에는 왼쪽 면과 엇갈리도록 번갈아 끼웁니다.

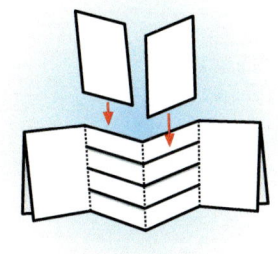

4. 가운데 2개의 면이 앞으로 나오도록 지그재그로 접습니다. 엄지손가락으로 둘째 면과 셋째 면 사이의 빈틈을 찾습니다. 그런 다음 펼쳐 보면 2개의면이 더 생겨 있을 것입니다. 책을 덮으면 다시 기본형 지그재그 책이 됩니다.

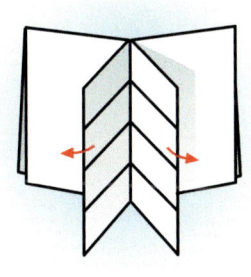

• 활용 4
A2 크기의 종이로 커다란 야콥의 사다리 책을 전시용으로 만듭니다. 아이들이 각자 만든 작품을 기다란 종이에 붙입니다. 글쓰기 틀의 예를 제시하면 '나의 몸 책' 같은 제목이 있는 프로젝트가 될 수 있습니다. 글쓰기 틀에는 '내게는 …가 있어요(손가락, 발꿈치, 눈 등)'로 제시할 수 있습니다.

퍼즐 지갑

아이들은 양쪽에서 열리는 이 지갑을 마술이라고 생각합니다.

1. A3 크기의 종이로 기본형 지그재그 책을 만든 다음 펼칩니다. 그리고 반으로 접고, 접힌 부분의 면을 같은 폭으로 기다랗게 오립니다.

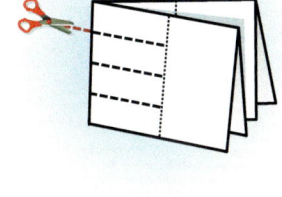

2. 책을 한 번 펼친 다음 그림처럼 오립니다. 그렇게 하면 종이가 a와 b로 나누어질 것입니다.

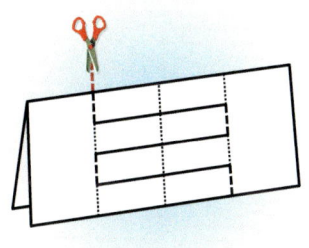

3. 둘로 나누어진 종이를 한데 붙입니다.

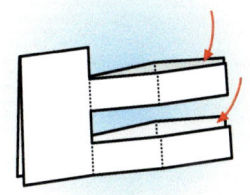

4. a의 기다란 종이를 지그재그로 접고 그 끝을 b의 뒤에 붙입니다.

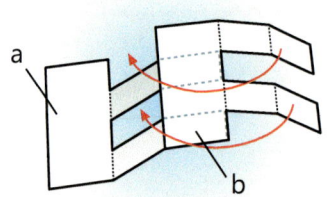

7. b의 기다란 조각의 끝을 a로 넘겨 접고 풀로 붙입니다. 그리고 지갑을 펼친 다음, A6 크기의 종이를 창구멍을 통해 지갑 안으로 끼워넣습니다.

5. b의 기다란 종이를 왼쪽을 지나 a의 아래로 접습니다.

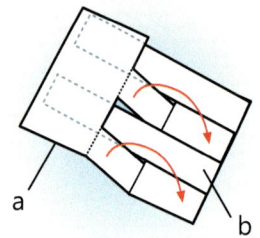

겟라이팅↓

• **활용 5**

각자 좋아하는 장면(휴가, 엄마, 친한 친구, 놀이공원에 갔던 일)들을 A6 크기의 종이 2장 더 되게 그림을 그립니다. 설명글을 어떻게 쓸 것인지 이야기해 보고, 지갑에 그림을 넣기 전에 각 그림 아래에 설명글을 써넣게 합니다.

6. b를 a의 아래로 접습니다.

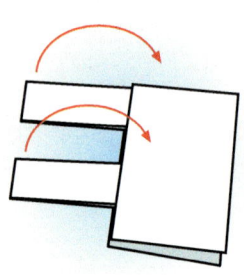

Invisible-join books

18. 책등 꾸밈책

3. 앞쪽 종이는 앞으로 내려 접고, 뒤쪽 종이는 뒤로 내려 접습니다.

앞에서부터 만들어 붙인 세 권의 책에서는 종이를 연결하는 스템플러 자국이 보이지 않게 처리되어 있습니다. 그러므로 아이들이 만드는 과정을 해결해 나갈 수 있는지를 미리 알아야 합니다. 네 번째 책은 다른 도구나 부품을 전혀 사용하지 않고 종이들을 연결하여 책을 완성하게 되는데, 아주 신기하고 재미있는 활동이 됩니다.

4. 가운데에 있는 접은 자국을 따라 접으면 책이 완성됩니다.

겟라이팅

- **활용 1**

반 아이들과 색깔 책이라는 프로젝트를 합니다. 책 제목을 '나의 색깔 책'이라고 붙일 수도 있습니다. 첫째 양면에는 빨간색, 둘째 양면에는 노란색, 셋째 양면에는 파란색으로 된 것들을 그립니다. 아이들이 그 색깔과 관련 있는 것들의 목록을 만들어 그림을 그립니다. 그리고 그 아래 빨간 사과, 노란 병아리 하는 식으로 설명하는 글을 쓰도록 합니다.

Make the basic invisible-join book

기본형 책만들기

1. A4 크기의 종이 2장을 각각 따로 세로로 반을 접고, 다시 가로로 반을 접은 다음 펼칩니다.

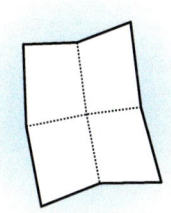

2. 종이 2장을 세로로 길게 포개놓고 수직의 접은 선 아래쪽을 스템플러로 찍습니다.

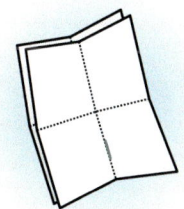

스템플러 표지 책

1. A4 크기의 종이 2장을 각각 따로 세로로 반을 접고, 다시 가로로 반을 접었다가 펼칩니다. 다른 종이 1장(가급적이면 색종이)을 위에서

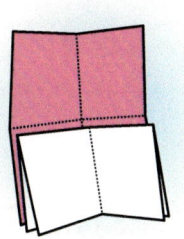

처럼 세로로 반을 접고, 다시 가로로 반을 접어 표지로 사용합니다. 속지 2장 중 1장을 가로로 반을 접어 색종이의 아랫부분 절반에 맞추어 놓습니다.

2. 나머지 1장을 맨 위에 올려놓습니다. 종이들을 잘 간추려 잡고, 수직의 접은 선 아래쪽을 스템플러로 찍습니다.

3. 맨 위에 있는 종이를 앞으로 내려접고, 색종이는 뒤로 접습니다.

4. 중심선을 접어서 책을 덮습니다.

글라이팅

• **활용 2**
아이들이 운동장에서 할 수 있는 재미있는 놀이들을 그리고 설명하는 글을 씁니다. '어떻게 하면 운동장에서 하는 놀이를 더 잘 할 수 있을까? 놀이를 할 때 지켜야 할 안전규칙은 뭐가 있을까?' 같은 문제를 놓고 아이들과 토론합니다.

• **활용 3**
각 면마다 차례 지키기처럼 학교를 즐거운 곳으로 만들 수 있는 규칙 1가지를 씁니다. 그런 다음 잘 어울리는 그림을 그려넣습니다.

스템플러 제본 책

1. 본문 페이지 : A4 크기의 종이 6장을 반으로 접어 한쪽 면에는 접힌 부분이, 다른 쪽 면에는 접히지 않은 부분이 오도록 한데 가지런히 모읍니다. 표지가 되는 첫 번째와 마지막 장은 색종이를 사용합니다. 그리고 접히지 않은 부분 가장자리를 스템플러로 찍습니다. 필요하다면 스템플러로 찍기 전에 종이를 추가할 수 있습니다. 하지만 종이가 너무 많으면 보통 쓰는 스템플러로는 잘 찍을 수가 없습니다.

2. 책등 장식 : 색종이를 본문종이의 길이에 맞게 오립니다. 넓이는 4cm 정도로 합니다. 기다랗게 오린 종이를 세로로 반을 접습니다.

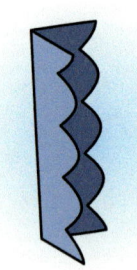

3. 기다란 종이를 색상 펜으로 꾸민 다음, 스템플러로 찍은 자리 위에 풀로 붙입니다.

글라이팅

• **활용 4**
접힌 종이에 시를 씁니다(오른쪽 면에). 주제는 어렸을 때 가지고 놀던 좋아하는 장난감이 될 수도 있습니다. '지금 그 장난감은 어디 있을까…?' 종이들을 가지런히 모아서 모둠별로 책을 만듭니다.

1. A4 크기의 종이 2장을 세로로 한 번 접고, 다시 가로로 한 번 접었다가 펼칩니다. 종이 전체를 가로로 반 오립니다. 반으로 오린 종이 2장을 한데 가지런히 놓고 중심선 위쪽 3분의 1과 중심선 아래쪽 3분의 1을 오립니다.

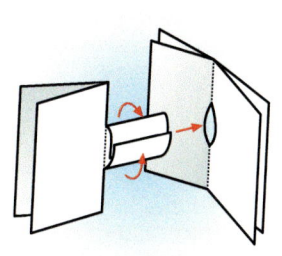

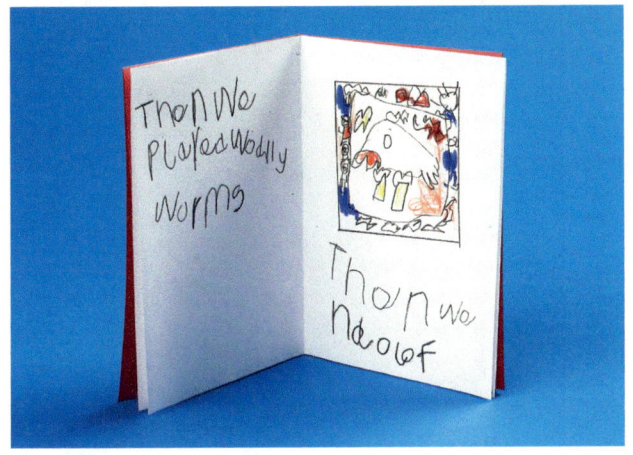

→ 세리(5세)가 만든 「볼리외 공원에 갔을 때」입니다. 학교에서 체험학습 갔던 일을 이야기해 본 다음, 기록 책의 형태로 글과 그림을 표현했습니다. 각 면에는 그날의 내용들이 다르게 들어 있습니다.

2. 나머지 종이 2장을 가지런히 놓은 다음, 접어놓은 가운데 중심 부분이 3분의 1되도록 자로 재서 오려놓습니다.

✦ 도움이 되는 힌트 : 글을 쓰거나 그림을 그릴 때에는 책등이 있는 면에는 충분한 여백을 둡니다. 스템플러로 찍는 안쪽 가장자리에 글이나 그림이 보이지 않을 수 있기 때문입니다.

3. 처음에 아래위를 오린 종이 2장 중 오른쪽 면을 둥글게 만 다음, 두 번째 가운데를 오린 종이의 홈 안으로 끼워넣습니다.

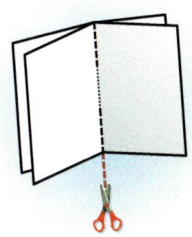

4. 반대쪽으로 넘어간 종이를 다시 펼치면 책이 완성됩니다.

홈 제본 책

아이들이 솜씨 있게 이 책을 잘 만들 수 있는지는 미리 연습종이로 확인해 봅니다.

🖐 겟라이팅↓

• 활용 5
표지 위에 글을 씁니다. '…가 만든 나의 소원 책' '나는 …할 수 있으면 좋겠다'는 템플릿을 완성해서 각 면의 아랫부분에 쓰고 그 위에 그림을 하나씩 그립니다.

Books with covers
19. 표지 책

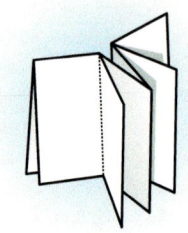

4. 종이를 가로로 반을 접어서 뒤에 있는 가운데 2개의 면을 맞닿게 합니다. 그리고 앞면과 마지막 면을 모아 접으면서 책이 닫히도록 합니다.

이런 식으로 접어놓은 책들은 진짜 책처럼 보입니다. 책등이 있어서 아름답고 미학적으로 완성된 모양이어서 아이들이 보관하고 싶어 할 것이기 때문입니다. 이런 책들은 여러 가지 크기로 만들어볼 수 있습니다.

5. 색종이를 책 길이만큼 오리고, 폭은 4cm 정도로 합니다. 이것을 세로로 반을 접었다가 펼친 다음, 책등을 감싸면서 붙입니다.

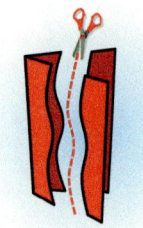

Make the basic book with a cover
기본형 책만들기

1. 기본형 지그재그 책을 펼쳐서 가로로 반을 접습니다. 그림처럼 접힌 쪽 가운데에서 중심선까지 오립니다.

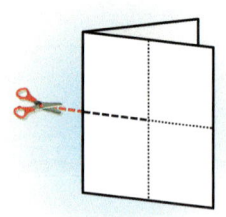

2. 다시 책을 펼치고 그림처럼 중심선의 위쪽 부분만 수직으로 오립니다.

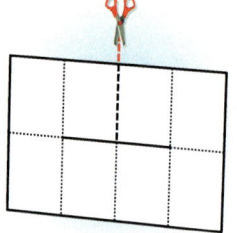

• **활용 1**

'동물 돌보기' 책을 만듭니다. 애완동물 한 마리를 선택한 다음, 책에 1부터 8까지 쪽번호를 매깁니다. 각 면은 '너는 …가 필요해'로 시작합니다. 예를 들면 '너의 고양이가 잠들 수 있는 바구니…' 식으로 마무리 글을 씁니다. 글 아래에는 그림을 그립니다. 8개의 면이 모두 완성되면 표지에 그림을 그리고 꾸며줍니다.

3. 오린 위쪽 부분을 앞으로 내려 접은 다음, 오려서 만들어진 가운데 2개의 면을 펼쳐놓습니다.

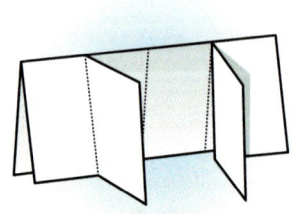

양장 제본 책

1. A4 크기의 종이로 기본형 지그재그 책을 만듭니다. 책을 펼치고 수평으로 마지막 4분의 1만 남기고 오립니다.

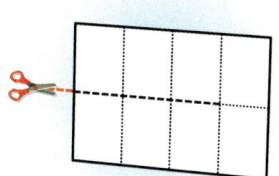

2. 종이의 위쪽 부분을 아래로 내려 접습니다. 그런 다음 접힌 면이 가운데에 오도록 양면을 각각 지그재그 방식으로 접어놓습니다.

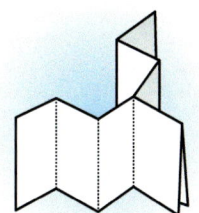

3. 표지는 A4 크기의 색종이로 만듭니다. 먼저 가로로 길게 반을 접어놓은 다음, 책등이 나오게 접습니다. 책등을 만들려면 먼저 왼쪽에서 오른쪽으로 간격을 1~2cm 정도 남기고 접어놓습니다. 그 다음 반대 방향으로 접을 때도 똑같이 합니다. 그렇게 하면 책등이 생깁니다.

4. 앞표지와 뒤표지 부분을 각각 책등에서 1cm 떨어진 지점까지 안으로 접어서 날개를 만듭니다.

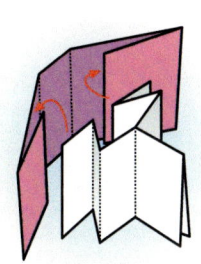

5. 본문 첫 번째 장을 앞날개에 끼우고, 마지막 장은 뒷날개에 끼워 접으면 책이 완성됩니다.

- **활용 2**

'나의 가족과 친구들'이라는 프로젝트를 하면 좋습니다. 면마다 다른 사람을 그리고 소개하는 글을 씁니다.

- **활용 3**

'행복한 가족 책'을 만들어도 좋습니다. 이번에는 '빵집 주인 번씨'를 그리고 그에 대한 글을 씁니다. 나머지 면에도 이와 비슷한 방식으로 해나갑니다.

- **활용 4**

'나는 할 수 있어…' 책을 만들어 봅니다. 예를 들어 각 면에 '나는 깡충깡충 뛸 수 있어' 같은 여러 움직임을 그리고 설명글을 답니다.

꽃장식 책

1. 기본형 양장 제본 책을 만듭니다. 표지를 펼치고 오른쪽에서 두 번째 칸을 수직으로 반 접고 그림처럼 오립니다.

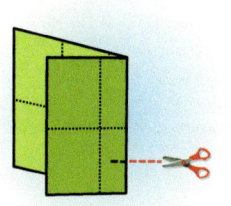

2. 종이 전체를 펼친 다음, 십자 모양이 되도록 위아래로 오려줍니다. 오린 부분을 위 아래로 벌리면 꽃잎 모양이 됩니다.

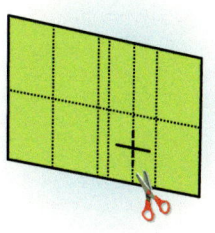

3. 윗부분을 뒤로 내려 접습니다. 그리고 오린 부분을 그림과 같이 위 아래로 올려 접으면 꽃잎이 벌어지는 모양이 됩니다.

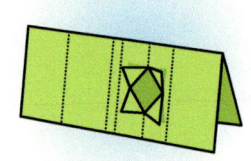

4. 앞날개와 뒷날개가 생기도록 안으로 접은 다음, 본문의 책장을 각각 끼워넣습니다.

✿ 도움이 되는 힌트 : 책등에 제목 쓰는 것을 잊지 않도록 합니다.

겟라이팅

- 활용 5
  화단의 꽃들이나 잎들을 모아서 책 속에 눌러놓은 다음, 각각 이름을 씁니다.

- 활용 6
  꽃이 자라는 과정을 담아봅니다. 책의 첫째 면에 제목을 쓰고, 나머지 5개의 면에는 씨앗, 구근, 줄기, 꽃잎과 꽃머리를 그리고 설명합니다.

- 활용 7
  '슬픈 꽃' 이야기를 씁니다. 꽃이 슬픈 이유는 무엇이고, 다시 행복해지려면 어떻게 해야 할까요?

반대로 나뉜 책

이 방법은 18세기 방식인데 두 번째 책을 첫 번째 책의 뒤표지에 붙여서 본문 두 권을 한데 붙이면 됩니다.

1. 기본형 양장 제본 책처럼 표지 안에 들어갈 본문을 두 권 만듭니다.

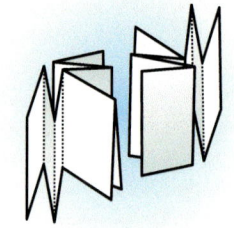

2. A4 크기의 색종이를 길게 반 접습니다. 그런 다음 왼쪽부터 자로 8cm와 1cm를 재고 표시한 다음, 그 과정을 되풀이합니다. 마지막 8cm 되는 지점을 표시한 다음, 나머지 부분은 잘라냅니다.

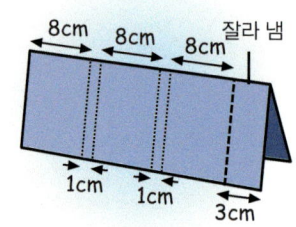

3. 그림처럼 표시된 대로 접어나가 지그재그 형태의 표지를 만듭니다.

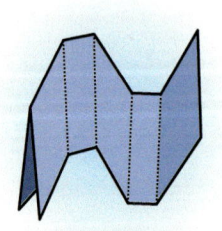

4. 표지 안에 들어갈 본문 한 권은 앞표지 부분에, 나머지 한 권은 뒤표지 부분에 붙이면 됩니다.

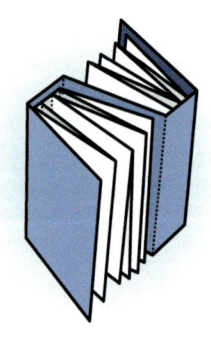

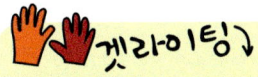 겟라이팅

- **활용 8**

  계절 프로젝트를 할 때 활용하면 좋습니다. 첫 번째 책에는 여름에 좋은 것들을, 두 번째 책에는 겨울에 좋은 것들을 그리고 설명글을 써넣습니다.

- **활용 9**

  첫 번째 책에는 여러 가지 질문을 쓰고, 두 번째 책에는 그 질문에 대한 답을 씁니다. 그런 다음 '퀴즈를 풀자!'라는 제목을 달아줍니다.

→ 시앙(4세)이 만든 「나의 가족」입니다. 시앙은 기념일 축하 책을 만들어 가족에게 선물했습니다.

Sewn books

20. 실 제본 책

종이를 1장씩 접어 가지런히 놓고 꿰매서 만드는 책은 아주 오랜 옛날시대를 체험하게 합니다. 그리고 아이들에게 문화적 원형으로 책을 소개하는 방식이기도 합니다. 하드커버를 만들 경우, 반 아이들 전체가 만든 프로젝트 결과물을 훌륭하게 보여줄 수 있고, 오랫동안 보관할 수도 있습니다.

Make the basic sewn book with a paper cover

기본형 표지 책만들기

1. A4 크기의 질 좋은 종이를 1장씩 반으로 접은 다음 펼쳐놓습니다. 그리고 종이들을 가지런히 포개놓습니다. 좀더 두꺼운 종이를 반으로 접어서 맨 뒤쪽에 표지처럼 덧대어놓습니다. 표지와 펼쳐놓은 본문종이  들을 종이집게로 위아래에 단단하게 집어놓습니다. 제본용 송곳을 사용하거나 컴퍼스의 뾰족한 끝을 이용하여 가운데 접은 선 위에 똑같은 간격으로 3개의 구멍을 뚫어놓습니다.

2. 본문 길이의 4배 정도 되는 질긴 실을 준비해서 제본용 바늘에 꿴 다음, 본문 안쪽 가운데 구멍에 바늘을 집어넣는 데서 시작합니다. 앞쪽으로 실을 여유 있게 남겨 매듭을 짓고 종이집게에 단단히 고정시킵니다.

실을 팽팽하게 하되 책장이 휘어질 정도가 되지 않도록 합니다.

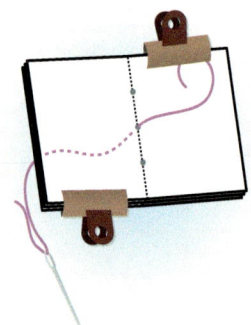

이야기처럼 특별한 것을 써보도록 하면 좋습니다. 먼저 몇 면이 필요한지 편집계획을 세웁니다. 꿰맨 본문종이 한 묶음을 보통 한 섹션이라고 부릅니다. 한 섹션을 만들 때 종이 10장 이상을 한꺼번에 꿰매지 않도록 합니다.

3. 위쪽 구멍으로 실을 뺀 다음, 다시 가운데 구멍으로 바늘을 집어넣습니다.

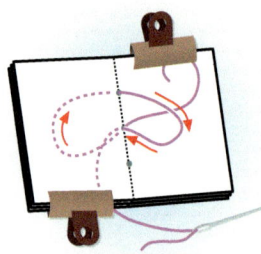

기본형 하드커버 책만들기

4. 아래쪽 구멍으로 실을 뺍니다.

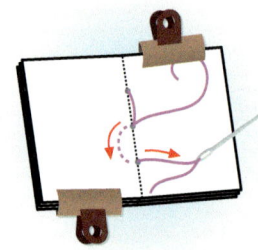

1. 본문종이는 기본형 표지 책만들기를 할 때와 같은 방법으로 준비합니다. 하지만 표지를 덧대지는 않습니다. 또한 A3 크기(혹은 더 큰 것)의 종이를 쓸 경우에는 뚫는 구멍의 수를 늘립니다. 즉 위와 아래쪽에 각각 0.5cm를 남기고 접은 선 위에 똑같은 간격으로 구멍을 5개 뚫는 것입니다. 실은 책 길이의 2배 정도로 하되 매듭 짓는 데 충분한 여분을 두면 됩니다. 안쪽이 아니라 바깥쪽에서 꿰매기 시작하고, 한 바퀴를 다 돌린 다음 매듭 짓습니다.

5. 바늘을 실에서 뺀 후 종이집게에 집어놓은 실을 꺼냅니다. 그런 다음 가운데 구멍 위에 단단하게 매듭을 지어 실을 정리해 줍니다.

2. 앞표지를 만들려면 꿰맨 종이 묶음을 하드보드지 위에 놓습니다. 위쪽과 아래쪽 부분에 각각 0.5cm 되는 곳을 표시해 놓습니다. 왼쪽과 오른쪽 옆면에는 여분을 두지 않습니다. 놓인 위치대로 보드판을 잘라 냅니다. 그리고 똑같은 방법으로 뒤표지도 만들어놓습니다.

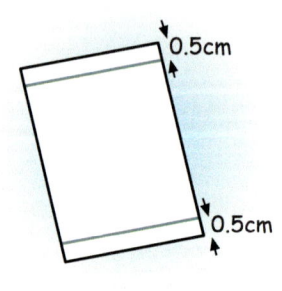

✪ 도움이 되는 힌트 : 매듭을 단단하게 잘 지었는지 확인합니다. 단단하지 않으면 책장이 떨어져 나갈 수 있기 때문입니다.

3. 책등의 넓이는 책장에 따라 달라집니다. 대략 본문종이를 모아서 두께를 잽니다. 책장의 두께에 약간 여유를 두고 책등의 넓이를 정하면 됩니다. 책등의 넓이가 1cm 이하가 되지 않도록 합니다. 책등까지 만들어졌으

- 활용 1
농장에 다녀왔던 이야기나 아이들이 직접 만든

면 표지종이에 앞표지, 책등, 뒤표지를 그림처럼 붙여줍니다. 이때 위와 아래, 왼쪽과 오른쪽 가장자리에 각각 2cm씩 여분을 둡니다. 책등과 표지 사이에는 약 0.5cm 여분을 두면 됩니다(더 큰 책일 경우에는 1cm 여분을 두도록 합니다).

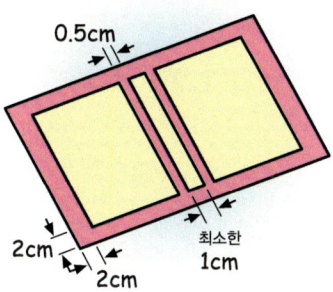

4. 표지의 모서리 부분을 각각 보드판 위로 오게 대각선으로 접은 다음 풀칠해서 붙입니다.

5. 풀이 마른 다음 위쪽과 아래쪽, 왼쪽과 오른쪽 방향의 여분들을 단단하게 보드판 위로 접어놓습니다. 다시 펼치고 왼쪽과 오른쪽 가장자리에 먼저 풀칠합니다. 그대로 두었다가 풀칠한 부분이 끈적끈적한 느낌이 들 때 단단하게 접어 눌러줍니다. 위쪽과 아래쪽도 같은 방법으로 해줍니다.

6. 꿰매놓은 본문종이를 뒤집은 다음 마지막 페이지의 뒷면 가장자리와 책등 부분에 풀칠합니다. 본문종이의 가운데 접은 부분과 책등의 위치를 잘 맞추어 표지 위에 놓습니다. 이때 아래, 위, 오른쪽과 왼쪽 여분이 똑같은지 확인해야 합니다.

7. 같은 방식으로 첫째 면의 뒷면도 붙여줍니다.

8. 풀이 마를 때까지 기다립니다. 풀이 덜 마른 상태에서 본문을 덮으면 묶음종이들이 들리는 수가 있습니다. 이때 표지의 보드판과 책등 사이의 틈을 손가락으로 살짝 눌러준 다음, 책을 덮으면 들리지 않습니다.

✦ 도움이 되는 힌트 : 부드럽게 눌러주려면 손에 풀이 묻지 않게 종이 1장을 덮습니다. 이렇게 하면 책에 지저분한 자국이 생기지 않습니다.

겟라이팅

• 활용 2

우선 종이 크기를 결정합니다. A2 크기의 종이는 반으로 접었을 때 A3 크기의 본문이 생기는데 이 정도 크기면 주제가 있는 작업을 해서 발표하기에 적당할 것입니다(아이들마다 한 면씩 배당을 합니다). 좀더 큰 판형으로 하려면 반으로 접은 A1 크기의 종이를 씁니다. 필요한 만큼의 본문종이와 표지에 붙일 종이 2장을 더 준비합니다.

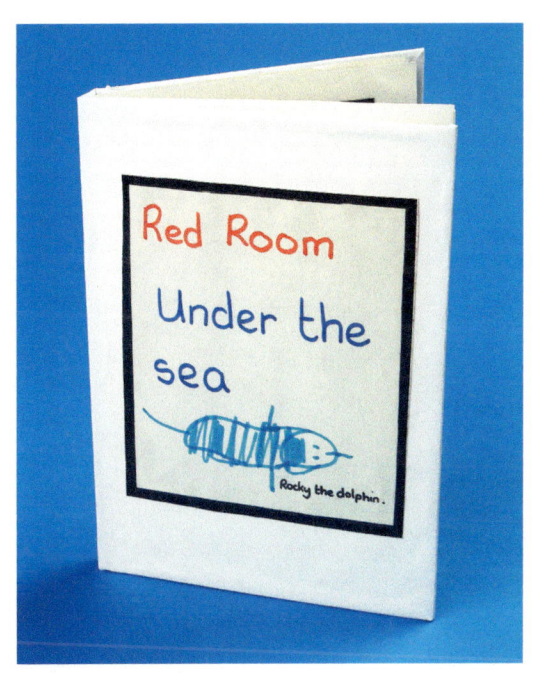

→ 유아반 아이들이 만든 「바다 밑」입니다. 바다 속 이야기 프로젝트를 진행하면서 모은 사진 기록들을 책 한 권에 모았습니다.

Side bound books
21. 철한 책

종이를 철하는 제본 방식은 일본에서 완성된 아름다운 기법입니다. 표지의 바깥쪽에 꿰맨 것이 보이게 되므로 꿰맨 모양이 책 디자인의 일부분으로 통합될 것입니다.

Make the basic side-bound book
기본형 책만들기

1. 크기에 구애받지 않고 만들 수 있습니다. 먼저 종이들을 반으로 접습니다. 왼쪽의 접힌 부분과 오른쪽의 접히지 않은 부분이 겹치도록 1장씩 위쪽을 맞추어 포개놓습니다. 그렇지 않으면 종이들을 펼치고 한데 가지런히 놓습니다.

2. 표지를 만들려면 먼저 보드판 위에 종이 한 장을 놓습니다. 사방에 각각 0.5cm의 여유를 두고 오려낸 다음, 같은 크기로 보드판 하나를 더 만듭니다.

3. 1장의 보드판을 가지고 왼쪽 가장자리에서 2cm 넓이(더 큰 책을 만들려면 이보다 더 넓게 잡아야 합니다)로 길게 종이를 잘라냅니다. 그 다음 남은 보드판에서 다시 1cm를 잘라냅니다.

4. 2cm짜리 조각종이를 왼쪽과 아래쪽에 2cm 여분을 두고 표지종이에 붙입니다. 1cm짜리 조각종이를 바로 옆에 놓습니다 (이 부분은 여분을 정확하게 남기기 위한 것이므로 풀칠을 해서 붙이지는 않습니다). 그 옆에 남은 커다란 보드판을 붙인 다음 1cm짜리 조각종이를 치우면 됩니다.

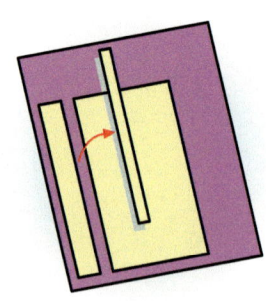

5. 그림처럼 오른쪽으로 2cm, 그 다음 위쪽으로도 2cm 여분을 두고 나머지를 잘라 냅니다.

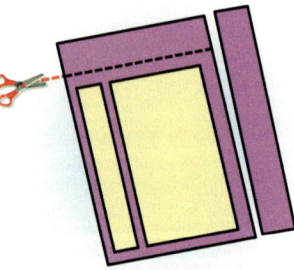

6. 기본형 하드커버 책만들기를 할 때(81쪽 참조)처럼 모서리와 가장자리에 풀칠한 다음 내려 접습니다.

7. 얇은 색종이를 표지보다 약간 작게 오려놓습니다. 안쪽의 접어놓은 선이 보이지 않도록 풀로 붙여 마무리합니다. 위의 과정을 그대로 되풀이하여 똑

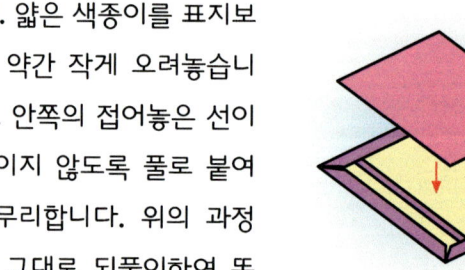

같은 하드커버를 1장 더 만듭니다.

8. 왼쪽에 2cm의 여분을 두고 뒤표지를 놓습니다. 뒤표지 위에 본문종이들을 올려놓는데 오른쪽 면에 접히지 않은 가장자리가 오고, 왼쪽 가장자리와 접힌 가장자리가 나란하도록 놓습니다.

9. 다른 표지 하나를 왼쪽에 2cm 여분을 두고 맨 위에 올려놓습니다. 책을 단단하게 잡고, 표지가 더러워지지 않게 위쪽 가장자리에 종이 한 장을 올려놓은 다음 커다란 종이집게로 아래위를 단단히 고정시킵니다.

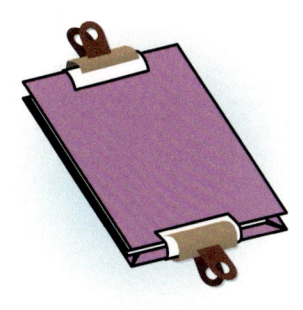

구멍 뚫기와 꿰매기

같은 길이로 간격을 두고 송곳으로 양쪽 보드판 표지에 구멍을 뚫습니다. 바늘이 쉽게 들어갈 수 있게 구멍이 뚫렸는지 확인합니다. 책 길이의 2배 정도 되게 실을 준비합니다. 소요되는 실은 책등을 네 번 왔다갔다 할 정도의 길이에 매듭을 짓고 나

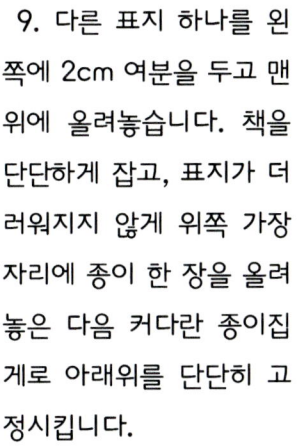

서 마지막에 고리를 만들 때 필요한 길이를 더하도록 합니다. 가느다란 실을 쓸 때는 2겹으로 해야 하기 때문에 소요되는 길이의 2배를 준비해야 합니다.

✩ 도움이 되는 힌트 : 좀더 화려한 색을 내고 싶다면 보색이 되는 색실을 2가지 이상 섞어 쓰도록 합니다.

꿰매기 방식

1. 앞쪽 맨 위의 구멍에 바늘을 집어넣습니다. 최소한 10cm 정도의 실 꼬리를 남겨 종이집게에 물립니다. 뒤에서 책등을 돌아 다시 맨 위 구멍에 바늘을 집어넣습니다.

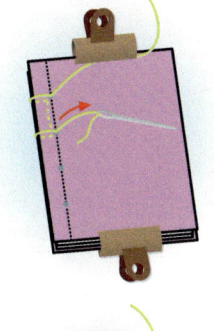

2. 두 번째 구멍의 뒤쪽에서 앞쪽으로 바늘이 나오도록 한 다음 다시 책등을 감싸면서 두 번째 구멍으로 다시 나오게 합니다.

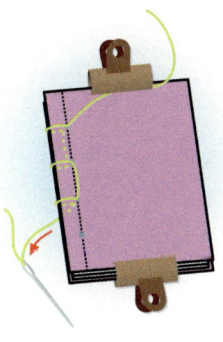

3. 앞쪽에서 세 번째 구멍으로 내려간 다음 앞에서 뒤로 바늘을 넣어주고, 책등을 감싸면서 다시 앞에서 뒤로 바늘을 넣어줍니다.

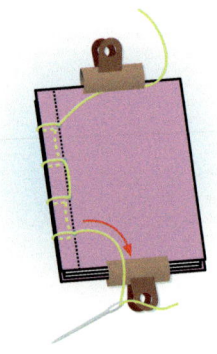

4. 뒤쪽에서 네 번째 구멍으로 내려간 다음 바늘을 뒤에서 앞으로 넣어주고, 책등을 감싸면서 다시 뒤에서 앞으로 바늘을 넣어줍니다.

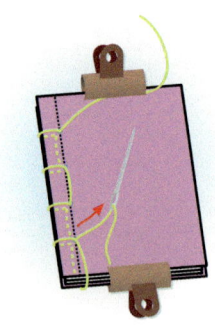

5. 책의 아래쪽 밑으로 갔다가 네 번째 구멍의 앞쪽으로 세 번 꿰매줍니다.

6. 세 번째 구멍으로 올라가 바늘을 뒤쪽으로 뺍니다.

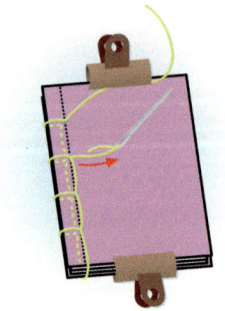

7. 두 번째 구멍으로 올라가 바늘을 앞쪽으로 뺍니다.

8. 맨 위의 구멍으로 올라가 바늘을 뒤쪽으로 뺍니다.

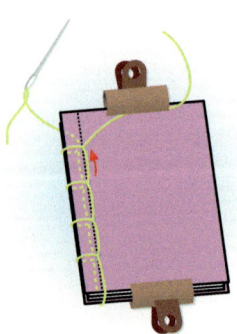

9. 책 앞표지의 종이집게에 물려놓은 실꼬리를 빼냅니다. 바늘을 빼내고 뒤에 있는 실끝을 책의 앞표지 쪽으로 끌어옵니다. 표지의 첫 번째 구멍에서 매듭을 짓고 실끝에 고리를 만들어 준 다음, 종이집게를 빼냅니다. 책을 펼치기 전에 손가락으로 표지 위의 꿰맨 자국을 가볍게 쓸어 내립니다.

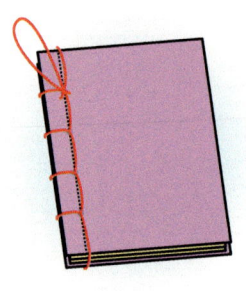

• 활용 1

이런 책들은 규격이 큰 아이들의 작품 한 권을 제본하는 데 더할 나위 없이 좋습니다. 가장자리를 맞추어 손쉽게 꿰매면 됩니다.

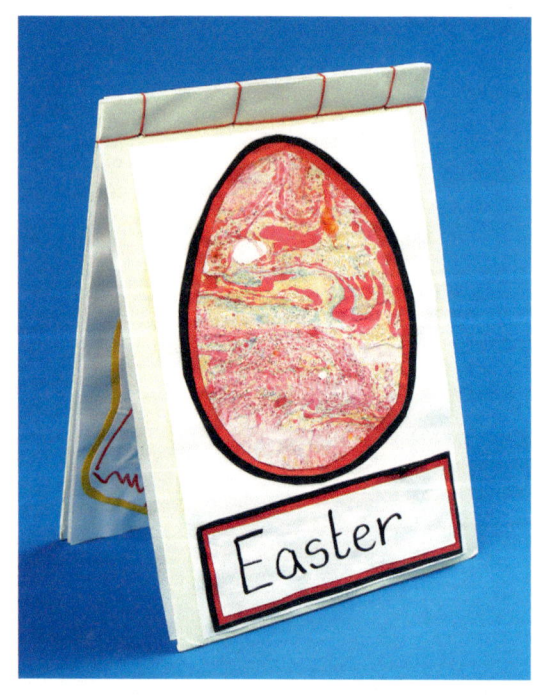

→ 1학년 아이들이 만든 「부활절」입니다. 아이들이 마블링으로 '부활절 달걀'을 만들어 종이에 1장씩 붙인 다음, 이를 책으로 꿰매었습니다.

Accordion books
22. 아코디언 책

책장이 지그재그 형태로 펼쳐지는 구조인데, 고대 중국에 기원을 두고 있습니다. 꿰맬 필요가 없고 제본한 후에도 종이를 덧붙일 수 있습니다.

Make the basic accordion book
기본형 책만들기

1. A2 크기의 종이로 기본형 지그재그 책을 만듭니다. 책을 완전히 펼친 다음 가로로 길게 놓고, 가운데 선에 맞추어 오른쪽과 왼쪽 가장자리를 안으로 접습니다. 접힌 가장자리의 양면 모두 그림처럼 오립니다. 그런 다음 오린 부분을 앞뒤로 한 번씩 접었다가 다시 펼칩니다.

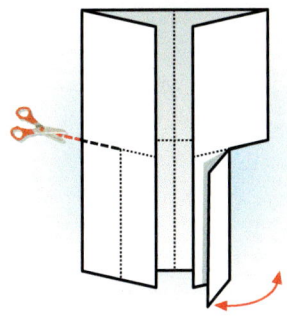

2. 펼쳐놓은 종이를 세로로 반 접습니다. 종이들을 그림처럼 지그재그로 접습니다. 이런 방법으로 3개를 더 만듭니다.

3. 첫째 면과 마지막 면을 모두 이어 붙입니다.

★ 도움이 되는 힌트 : 풀이 마르는 동안 무거운 것을 올려놓아 잘 붙게 합니다.

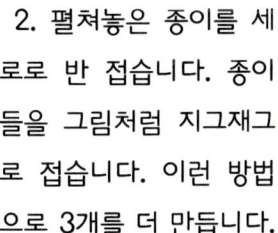 겟라이팅

- **활용 1**

프로젝트 수업을 하고 제본을 해야 할 때 책의 쪽수가 얼마나 되는지 정확하게 모른다면 이런 방식으로 책을 만드는 것이 좋습니다. 전시할 때는 파노라마처럼 펼쳐놓을 수도 있습니다. 예를 들어 반 전체가 '편지 이야기'의 주제를 정해 작업할 때 사용하면 편리합니다. 아이들마다 종이 1장에 한 장면을 그리고 이야기를 씁니다.

1. 편지 쓰기
2. 봉투에 편지를 넣기
3. 봉투에 주소 쓰기

이런 식으로 진행해서 마지막 바로 앞 면에 우체부 아저씨가 나오는 장면을 만듭니다. 마지막 면에는 편지를 받는 사람이 나오도록 합니다.

대지작업

A4 크기보다 약간 작은 종이를 지그재그로 4칸 접습니다. 그런 다음 아코디언 책 바탕종이에 풀로 붙입니다.

열려 있는 제본 표지 만들기

A5 크기보다 약간 더 큰 빳빳한 표지종이 2장을 만들어 각각 뒤쪽과 앞쪽에 대고 첫째 면과 마지막 면에 붙입니다.

하드커버 아코디언 책

1. 열려 있는 제본 표지와 같은 방식으로 만드는데, 두꺼운 종이로 된 책등이 더 넓어야 합니다. 반 전체 아이들의 작품이 다 들어가려면 책등이 4cm 정도는 되어야 합니다. 질 좋은 종이를 보드판 가운데에 살짝 붙입니다. 이때 책등과 표지 사이에 0.5cm, 가장자리에 2cm 정도의 여분을 두도록 합니다. 보드판의 모서리와 종이 가장자리 사이에 여분을 아주 조금만 남기고 모서리를 잘라냅니다.

2. 여분으로 남긴 가장자리를 보드판에 붙입니다. 왼쪽과 오른쪽, 아래와 위쪽의 여분을 모두 붙입니다.

3. 표지에 속지를 입힐 종이를 뒤표지의 안쪽과 책등에 맞추어 오립니다. 앞표지 안쪽은 1cm 정도 크게 하고, 가장자리에 풀칠해 붙입니다.

4. A2 크기의 종이를 세로로 반 자르고, A5 크기의 종이 2장을 길게 지그재그로 접습니다. 접착 테이프로 종이들을 이어준 다음 필요한 만큼 붙여줍니다.

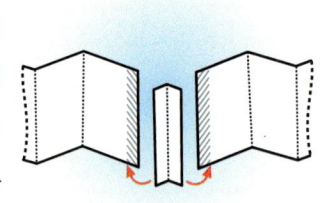

5. 첫째 면의 뒷면 가장자리에 풀칠하고 앞표지의 안쪽에 붙입니다. 책등과 표지 사이의 빈틈을 손가락으로 살짝 밀어내린 다음 책을 살짝 덮어줍니다.

버크럼 장식 책

하드커버가 있는 책을 단단하게 하려면 제본용 천 테이프나 버크럼(풀이나 아교를 발라서 빳빳하게 한 아마포)을 사용해 책등을 만들고, 모서리를 단단하게 해주어야 합니다. 자주 다뤄야 하는 책들은 이렇게 만들어주면 좋습니다.

1. 앞쪽에 설명한 대로 앞표지와 뒤표지의 보드판에 종이를 씌웁니다.

2. 버크럼으로 만든 책등을 표지의 보드판보다 4cm 넓게 자릅니다. 넓이는 책등과 표지 가장자리의 2cm를 다 감쌀 수 있을 정도면 됩니다. 버크럼의 뒤쪽에 풀칠해서 가운데에 있는 책등 보드판에 붙입니다. 그리고 표지 보드판을 책등 옆쪽에도 붙입니다. 표지와 책등 사이에 여분을 두는 것을 잊지 않도록 합니다.

3. 버크럼을 책등 위로 붙입니다. 위에 나온 대로 나머지 과정을 따라 하면 책이 완성됩니다.

4. 한 변이 6cm 정도 되는 정사각형의 버크럼을 네 조각으로 자릅니다. (책이 크면 정사각형도 커야 합니다.) 정사각형을 대각선 방향으로 각각 접은 다음, 그림처럼 삼각형 하나를 잘라 냅니다.

5. 삼각형을 잘라 낸 정사각형을 표지 모서리 바깥쪽에 대고 모서리 안으로 접어 붙입니다. 책장을 붙인 다음에 해도 되고, 표지만 만드는 상태에서 해도 됩니다.

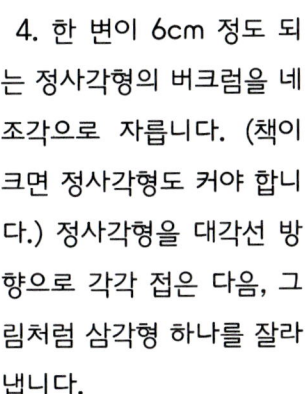

✯ 도움이 되는 힌트 : 버크럼 대신 질긴 면을 써도 됩니다.

→ 존(5세)이 만든 「마이클과 엠마가 프랑스로 간다」입니다. 휴가를 떠난 두 아이의 이야기를 여러 장면으로 그린 다음 이를 연결해서 만들었습니다. 그림을 완성한 다음, 1장씩 기다란 종이에 이야기를 쓸 때 교사가 도와주었습니다. 이야기를 쓴 기다란 종이를 관련 있는 그림 밑에 붙였습니다. 마지막 단계는 여기서 보는 것처럼 낱장으로 떨어져 있는 것들을 모아 아코디언 책으로 만드는 것이었습니다.

Stories in boxes
23. 이야기 상자

안에 뭔가 특별한 것이 숨어 있는 상자들을 꾸밉니다. 또한 특별한 이 상자 안에 들어 있는 책을 만듭니다.

Make the basic story box
기본형 이야기 상자 만들기

1. A4 크기의 종이로 만들 수 있는 가장 큰 정사각형을 잘라서 상자 뚜껑을 만듭니다.

2. 모서리와 모서리를 맞추어 중심선 자국이 나게 접습니다. 처음 만들어진 접은 자국에 모서리를 맞추어 접었다가 펼칩니다. 그림처럼 계속해서 다시 생긴 접은 자국에 모서리를 맞추어 접었다가 펼치기를 반복합니다.

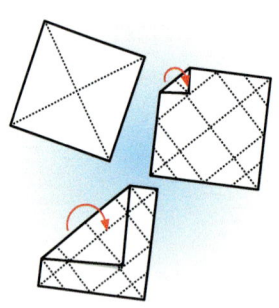

3. 그림처럼 네 군데를 오립니다. 그곳은 플랩이 될 것입니다(5단계 참조).

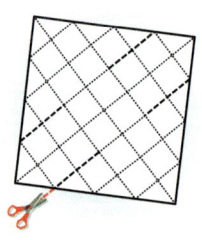

4. 위의 왼쪽 모서리와 아래의 오른쪽 모서리를 첫 번째 접은 자국에 맞추어 접고

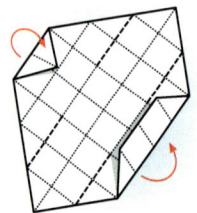

이것을 다시 다음 접은 자국에 맞추어 접습니다.

5. 양면을 세운 다음, 3단계에서 만든 플랩을 안으로 접습니다. 나머지 두 모서리를 접어 세우고 플랩 안에 끼워넣습니다. 이번에는 상자 아랫부분을 만들 차례입니다. A4 크기 종이의 짧은 쪽 가장자리와 긴 쪽 가장자리에서 0.5cm를 잘라 냅니다. 뚜껑을 만들 때처럼 조립합니다.

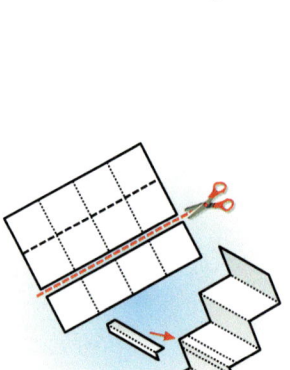

6. 이번에는 책장을 만들 것입니다. 먼저 A4 크기 종이의 짧은 쪽 가장자리에서 0.5cm 종이조각을 잘라 냅니다. 종이를 가로로 반 접고 다시 반을 접습니다. 이것을 수평으로 길게 3등분하여 자른 다음, 지그재그로 접착 테이프를 붙여줍니다. 그림처럼 책장을 상자에 넣고 뚜껑을 덮습니다.

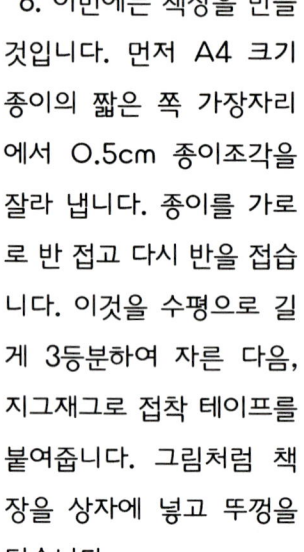

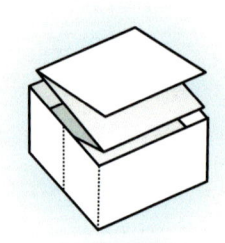

🖐️ 겟라이팅♪

• **활용 1**
마법 상자에 관한 이야기를 만듭니다. '상자 안에는 뭐가 있을까?' '상자에는 어떤 특별한 힘이 있을까?' '상자를 무엇에 쓸 수 있을까?' 등의 질문으로 시작합니다.

• **활용 2**

기다란 종이를 수직으로 놓습니다. 아이들에게 아래칸에 글을 쓰고, 그 위에 그림을 그리도록 합니다. 다른 기다란 종이 2장에도 똑같이 합니다. 이 종이들을 접착 테이프로 뒤쪽에서 지그재그로 이어 붙입니다. 아이들이 만든 이야기들을 모아서 이야기 상자에 넣습니다.

3. 종이를 돌려놓고 똑같은 과정을 되풀이합니다. 템플릿에 나온 것처럼 굵은 점선으로 표시된 부분을 오리고 위의 왼쪽에서 아래의 왼쪽까지 '위로, 아래로'의 패턴으로 모든 면을 지그재그로 만듭니다.

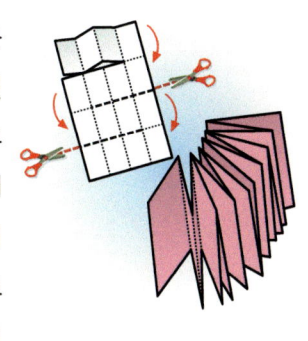

4. 표지를 잘라 내고 점선 따라 접습니다.

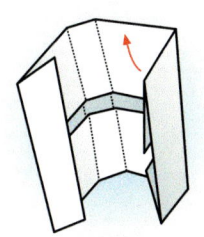

성냥갑 이야기 책

이 프로젝트를 하려면 108쪽에 나오는 성냥갑 책 템플릿을 복사해서 성냥갑을 만들어야 합니다. 아니면 빈 성냥갑을 모으거나 구입해도 됩니다. 첫째 면과 마지막 면은 나중에 표지 안으로 집어넣습니다. 그리고 첫째 오른쪽 면에 제목이 들어가므로 이야기를 쓸 공간은 모두 양면 6장입니다.

5. 첫째 면과 마지막 면을 표지 주머니 안으로 끼워넣습니다.

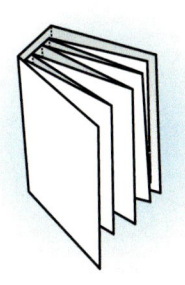

6. 성냥갑 표지를 오려내고 제목을 쓰고 꾸밉니다. 그런 다음 성냥갑에 표지를 붙입니다.

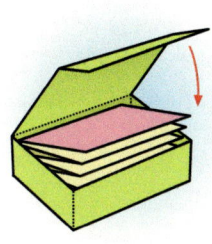

1. 종이들을 잘라 낸 다음, 바깥쪽에 있는 점선을 따라 반 접었다가 펼칩니다.

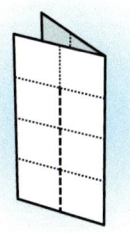

2. 안쪽에 있는 점선을 따라 왼쪽과 오른쪽 가장자리를 가운데로 접었다가 펼칩니다.

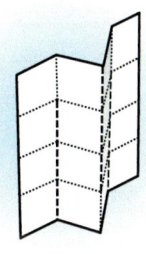

🖐️ 겟라이팅↓

• **활용 3**

'…의 모험'이라는 제목의 주제를 설정합니다. 아이들에게 휴가 때 가지고 갈 물건으로 연필이나 구두 같은 사물을 1가지 선택하게 합니다. 그 사물의 모험 이야기를 써보는 것입니다. 왼면에는 글 하나를 쓰고, 오른면에는 그 글과 어울리는 그림을 그리게 합니다.

- **활용 4**

  벽돌집 DIY. 책을 펼친 양면에 아기돼지 삼형제가 자신들이 사는 벽돌집을 개조하는 여러가지 활동들을 그리고 글로 씁니다. 예를 들면 '우리는 벽을 초록색으로 칠했다'고 쓰고 거기에 맞는 상황을 그리는 것입니다.

4. 그림처럼 안쪽의 모서리들을 앞쪽으로 끌어내 배 모양을 만듭니다. 다른 면도 같은 방법으로 만듭니다.

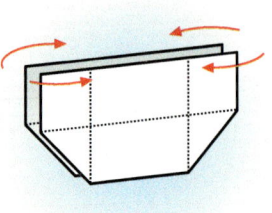

학급도서 상자

1. A2 크기의 종이를 세로로 펼치고 가운데 중심선을 향해 양면을 접습니다. 그리고 종이를 그림처럼 반을 접고 바깥으로 접은 부분이 보이도록 합니다.

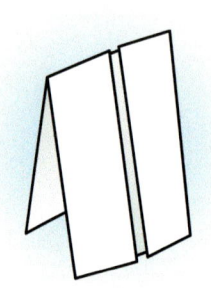

5. 앞쪽 플랩의 왼쪽과 오른쪽 가장자리를 가운데에 맞추어 앞으로 접습니다. 뒤쪽 플랩도 같은 방법으로 접습니다.

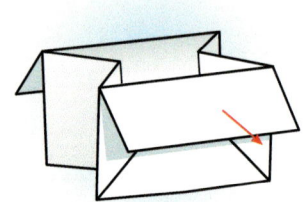

2. 접힌 가장자리에서 가운데로 오게 모서리를 접습니다. 뒤쪽으로도 한 번 접은 다음 다시 펼칩니다.

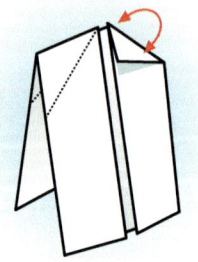

6. 위쪽 플랩은 앞으로 접고, 뒤쪽 플랩은 뒤로 접습니다.

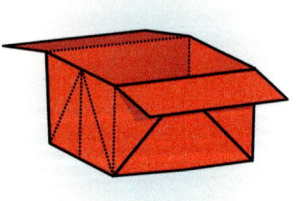

7. 플랩을 바깥쪽으로 움직여주면서 안쪽으로 내리눌러 상자 모양을 만듭니다.

3. 앞쪽과 뒤쪽 아래 가장자리를 위쪽 가장자리에 맞추어 접습니다.

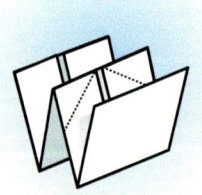

- **활용 5**

  '나는 좋아해요'라는 책을 만듭니다. '나는 해변을 따라 달리는 것을 좋아해요'라거나 '나는 눈 속에서 노는 것을 좋아해요'라고 쓸 수 있습니다. A4 크기의 종이로 적당한 책 모양을 선택해 만듭니다. 그렇게 완성된 책들을 책상자 안에 넣습니다.

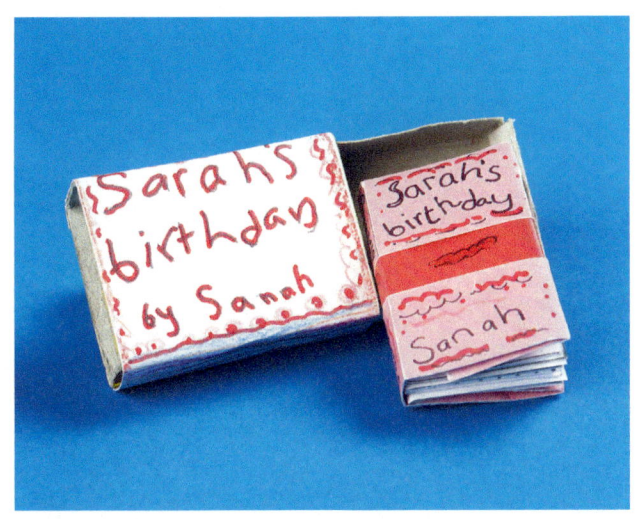

→ 사라(7세)가 만든 「사랑의 생일」입니다. 이 작은 모형 책은 가지런히 접힌 모양 안에 그림과 글이 다 들어 있습니다. 복사를 더 하려면 표지를 떼어내고 평평하게 펼쳐서 종이를 묶어둔 뒷면 테이프를 떼어냅니다. 필요한 만큼 복사할 수 있고, 복사한 것은 원본 책과 똑같은 방식으로 접고 자르고 다시 접습니다.

Lotus books

24. 연꽃 책

이 오리가미 기법은 걸개책에서 입체적으로 만든 별에 이르기까지 범위가 아주 넓습니다. 이 기법을 활용하여 반에서 프로젝트를 진행합니다. 그리고 아이들에게 하나씩 다이아몬드 모양을 나누어줍니다.

Make the basic lotus book

기본형 책만들기

→ 김희아(9세)가 만든 「쥐와 동전」입니다. 16쪽 오리가미 책에 한 면에는 글, 한 면에는 그림을 그려 본문을 꾸몄습니다. 계단 구멍에 살던 동전이 하수구에 빠지면서 그곳에서 고양이에게 쫓기던 쥐가 동전에게 업혀 도망가서 살아난 흥미로운 이야기를 담고 있습니다. 성냥갑을 꾸미는 데는 표지 테두리에 패턴을 사용했습니다.

1. A3 크기의 종이를 대각선으로 접으면 가장 큰 정사각형이 만들어집니다. 정사각형의 나머지 부분을 오려 냅니다.

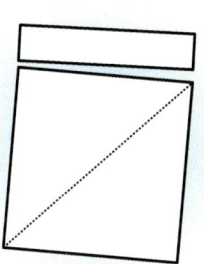

2. 종이를 돌려놓고 왼쪽 가장자리를 오른쪽 가장자리에 맞추어 접었다가 펼칩니다. 위쪽 가장자리를 아래쪽 가장자리에 맞추어 접었다가 펼칩니다.

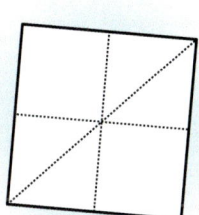

3. 위의 오른쪽 모서리와 아래의 왼쪽 모서리를 한데 모읍니다. 이 부분으로 모양을 만들게 됩니다.

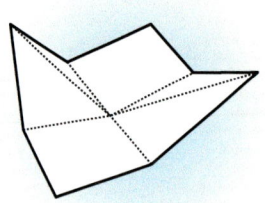

4. 다른 쪽 두 모서리를 한 군데로 모읍니다. 이제 작은 네모가 생겼습니다.

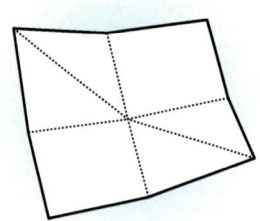

5. 프로젝트에 필요한 개수만큼 4단계까지 되풀이하여 만듭니다. 만들어놓은 여러 부분을 한데 붙입니다. 연꽃 하나하나를 붙여져 있는 것과는 반대 방향이 되게 붙입니다.

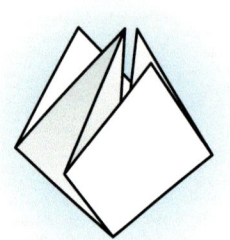

6. 2장을 한데 붙였을 때 그림과 같은 모양이 되어야 합니다. 여기에 다음 장을 풀로 붙이면 연꽃마다 다이아몬드 모양 하나가 없어지는 형태가 됩니다.

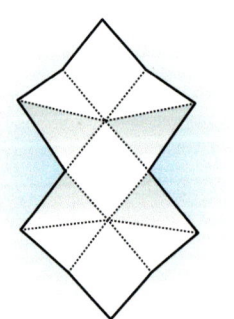

활용 1

아이들이 30명이라면 기본형 연꽃 책 10권을 한데 붙여야 합니다. 아이들은 연꽃 칸보다 약간 작은 다이아몬드 모양의 종이 위에 글을 쓰고, 그림을 그려서 준비합니다. 그런 다음 다 만들어진 연꽃에 종이를 붙이면 됩니다. 주제는 자기 이름을 쓴 자화상이 될 수도 있고, 바퀴가 달린 것들이 될 수도 있습니다.

일반 모양 연꽃 책

1. 기본형 연꽃 책을 펼친 다음, 이것을 수직으로 반접습니다. 아래쪽 모서리를 사선으로 한 번 접고 뒤로도 한 번 접었다가 펼칩니다.

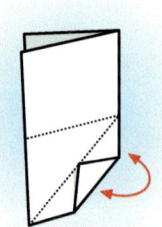

2. 종이를 뒤집어놓고, 위쪽 모서리를 1단계를 따라 합니다. 다시 수평으로도 한 번 접어준 다음, 2단계를 따라 합니다.

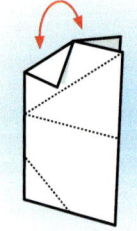

3. 앞에서 한 것처럼 연꽃을 접은 다음, 삼각형으로 접은 자국이 나 있는 모서리들을 안으로 접어서 완성합니다.

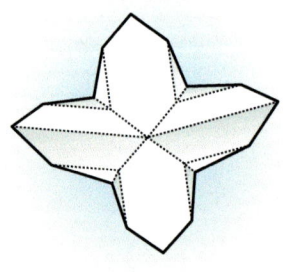

4. 앞에서 설명한 것처럼 2개를 한데 붙입니다.

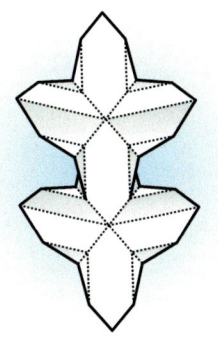

✹ 도움이 되는 힌트 : 튼튼한 종이를 사용해야 걸개책을 만들 수 있습니다.

👐 겟라이팅↙

활용 2
아이들에게 요셉의 여러 가지 색깔 코트 이야기(「요셉의 작고 낡은 오버코트가…」, 베틀북)를 들려줍니다. 아이들이 정사각형 종이에 요셉의 코트를 만듭니다. 정사각형 종이를 연꽃 모양으로 접어서 이어 붙이면 앞에서 설명한 것처럼 걸개책이 만들어집니다.

별 모양 연꽃 책

1. A3 크기의 종이로 기본형 연꽃 책을 4개 만들어놓습니다.

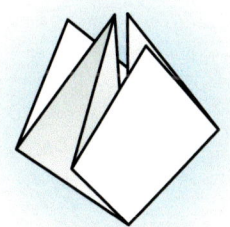

2. 연꽃을 한 방향으로 끝을 모으고 서로 나란히 붙입니다.

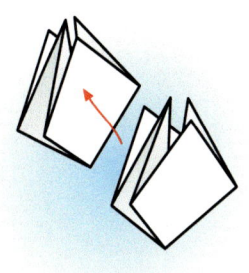

3. 첫 번째 연꽃과 마지막 연꽃을 붙여서 별을 만듭니다. 종이집게로 가장자리를 한데 물립니다.

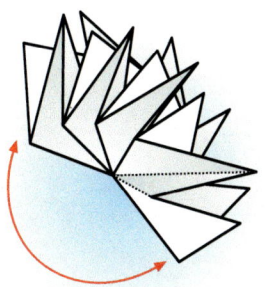

4. 첫 번째와 마지막 연꽃의 위쪽 모서리 가까이에 구멍을 뚫어 끈이나 질긴 면실을 끼워 묶어서 별을 걸어놓습니다.

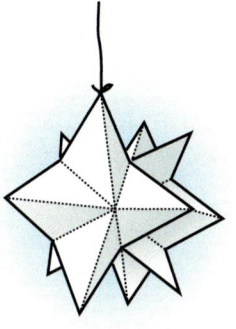

✹ 도움이 되는 힌트 : 별을 튼튼하게 하려면 첫 번째 연꽃과 마지막 연꽃에 두꺼운 종이를 붙여주어야 합니다.

👐 겟라이팅↙

활용 3
뾰족한 부분이 6개 있는 커다란 별과 5개 있는 별 그리고 마지막으로 4개 있는 별을 책 안에 그립니다. 그런 다음 별에 각각 이름을 붙입니다.

95

활용 4

'이것은 나의 별'이라는 제목으로 진행합니다. 아이들마다 정사각형 종이에 글을 쓰고 꾸민 다음, 연꽃 모양 안에 붙입니다.

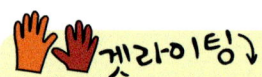

활용 5

중국의 춘절을 기념하는 프로젝트를 합니다. 중국인들은 빨간색이 행운을 가져다준다고 생각하므로 빨간색 종이를 사용합니다. 물감, 펜, 콜라주와 반짝이로 종이를 꾸미고 연꽃 모양에 붙입니다.

활용 6

기본형 연꽃 책을 만들되 용의 머리를 덧붙입니다. 넓은 벽 공간에 스템플러로 박아서 굽이치는 곡선이 되도록 진열합니다. 아니면 천장에 매달아도 좋습니다. 이것을 중앙에 놓고, 주위에 마법의 중국식 봉투를 진열합니다. 봉투 안에는 아이들이 '건강을 기원합니다' 같은 글을 쓴 종이를 넣습니다.

마법의 중국식 봉투

1. A4 크기의 종이로 만들 수 있는 가장 큰 정사각형을 만듭니다. 이것을 대각선으로 접어서 삼각형을 하나 만듭니다. 왼쪽 모서리를 접은 다음, 오른쪽 모서리도 똑같은 길이로 접습니다.

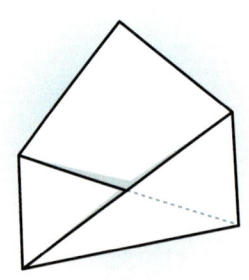

2. 오른쪽 플랩의 끝을 뒤로 접습니다.

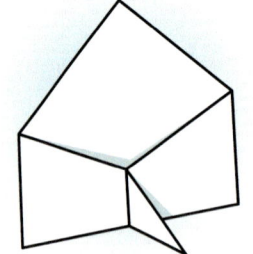

3. 펼쳐서 평평하게 놓아 다이아몬드 모양을 만듭니다.

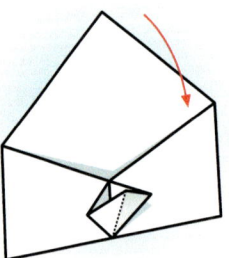

4. 위쪽 모서리를 아래로 내려 접어서 다이아몬드 모양 안에 끼워넣습니다.

✩ 도움이 되는 힌트 : 중앙에 전시 공간이 있으면 걸어 놓는 연꽃 책의 앞과 뒤에 만든 것들을 붙입니다.

→ 유아반 아이들이 만든 「우리의 손」입니다. 이 것은 연꽃 걸개책입니다. 먼저 교사가 반 아이들의 손 하나씩을 색깔 있는 종이에 그립니다. 그런 다음 그려놓은 손들을 오리고, 아이들의 이름을 써놓습니다. 종이가 얼마나 필요한지 살펴본 다음, 책을 만들어서 연꽃 모양 하나하나에 손을 붙입니다.

Firework books

25. 불꽃 책

이런 종류의 책을 불꽃 책이라고 부르는 이유는 책이 상자에서 올라올 때 팝업이 불꽃 같은 모양으로 펼쳐졌다가 접힐 때 다시 닫히기 때문입니다. 이 책은 작은 모양으로 접히기 때문에 쉽게 보관할 수 있습니다.

Make the basic firework book

기본형 책만들기

1. A4 크기의 종이를 세로 방향으로 길게 놓고 아래쪽 가장자리 쪽에 1cm 풀칠자리를 접어놓습니다. 그런 다음 반으로 접습니다.

2. 접힌 쪽 가장자리 끝에서 각각 1/3 정도 되게 대각선으로 모서리를 접습니다. 앞뒤로 한 번씩 접었다가 펼쳐집니다.

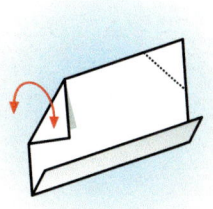

3. 그 다음 모서리의 접힌 자국을 안쪽으로 접어놓습니다.

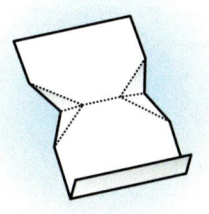

4. 다른 종이로 2단계까지 따라 한 다음, 여분을 잘라냅니다. 이것은 옆면 팝업 플랩이 됩니다.

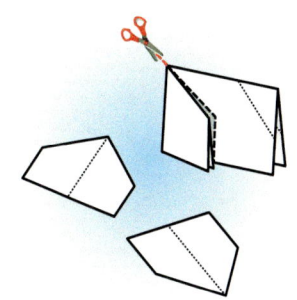

5. 종이를 첫 번째 대각선 접은 자국에서 수직으로 접습니다. 그림처럼 오려서 모양 2개를 만듭니다.

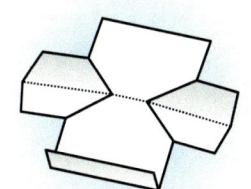

6. 오린 모양을 먼저 만들어두었던 종이의 옆면 양쪽에 하나씩 붙입니다.

7. 이런 것을 몇 개 더 만들어 풀칠자리에 풀칠해 붙입니다. 풀칠자리는 늘 아래쪽에 두도록 합니다.

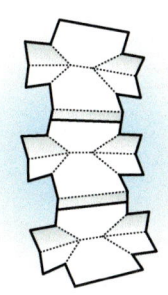

✪ 도움이 되는 힌트 : 판에 붙이는 작품은 항상 붙이지 않는 작품보다 더 멋져 보입니다.

🖐🖐 겟라이팅↙

활용 1
예를 들어 붕, 번쩍, 윙윙, 펑, 은색 물보라, 금빛 분수처럼 불꽃을 연상시키는 낱말을 멋있게 그립니다. 그런 다음 물감과 반짝이로 글자를 생동감 있게 만듭니다.

활용 2
붙여놓은 팝업 위의 글자 주변에 불꽃 무늬를 그립니다.

걸개책 프로젝트

1. 팝업 만들기 : 기본형 불꽃 책을 만듭니다. 그러고나서 불꽃의 기본형을 하나 더 만든 다음, 여분을 잘라 내고 그림처럼 팝업 플랩을 오립니다.

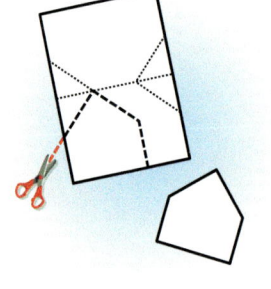

2. 옆면의 삼각형 모양에 맞추어 아래쪽 절반만 풀칠해 붙입니다. 그런 다음 앞에서 한 것처럼 똑같은 것을 여러 개 만들어 붙입니다.

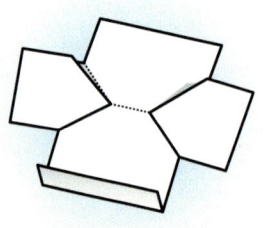

✋겟라이팅↓

활용 1

'모양 전시'를 개최해 봅니다. 아이들에게 팝업을 붙일 기본 모양을 나누어줍니다. 팝업 모양 위에 그림을 그리고 정사각형, 삼각형, 오각형 등 이름을 씁니다. 가운데에 모든 모양을 결합하는 데 이용한 패턴을 하나 만들 수 있습니다.

활용 2

'떠다니는 것과 가라앉는 것'라는 주제입니다. 떠다니는 것들에 관해 이야기해 보고, 왼쪽 팝업에 떠다니는 것들의 이름을 씁니다. 다음에는 가라앉는 것들에 관해 이야기해보고, 오른쪽 팝업에 가라앉는 것들의 이름을 씁니다. 그리고 가운데에는 제목을 쓰도록 합니다.

이의 요정 책

1. A4 크기의 종이의 왼쪽 가장자리에서 6cm의 폭으로 길게 잘라버립니다. 아래쪽 가장자리를 따라 여분을 접습니다.

2. 여분을 접으면서 생긴 아래쪽 가장자리에 맞추어 위쪽 가장자리를 내려 접습니다.

3. 위쪽에 접힌 가장자리의 양쪽 모서리를 가운데에서 대각선으로 접습니다. 뒤로 한 번 접었다가 펼칩니다.

4. 모서리를 대각선으로 접어 안으로 넣습니다.

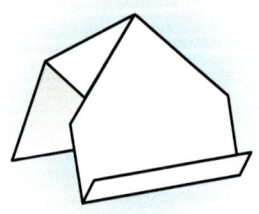

5. 위에서 만든 것과 똑같이 하나를 더 만들어서 여분을 오려 내고, 그림처럼 날개를 오려 만듭니다.

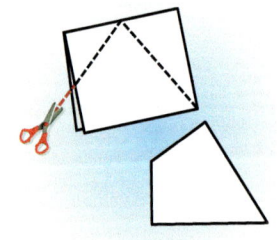

6. 처음 만들어놓은 모양의 옆면에 있는 삼각형에 맞추어 위쪽 절반만 풀칠해서 날개를 붙입니다. 이런 식으로 여러 개를 만들어 한데 이어 줍니다. 그리고 앞에 한 것처럼 접어 올리면 됩니다.

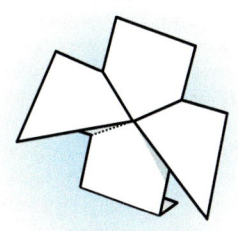

✋ 겟라이팅↓

활용 4
이의 요정을 그리고 '내 이의 요정은…'으로 시작하는 글을 씁니다. 그런 다음 요정이 한 좋은 일을 설명해봅니다.

활용 5
천사를 주제로 할 수도 있습니다. 천사를 그리고 '나의 수호천사'라고 씁니다. 그리고 천사가 아이들에게 해줄 만한 일들을 설명합니다.

중국부채 책

1. A3 크기의 종이를 세로로 반 자릅니다. 지그재그로 접어서 여러 개를 뒤쪽에 테이프로 연결해서 기다란 종이를 만듭니다. 아이들에게 A3 크기의 종이 1장씩을 사용하도록 합니다.

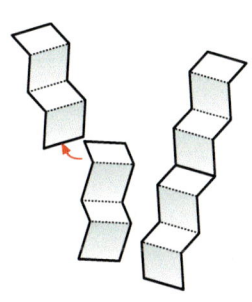

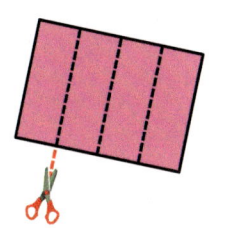

2. A4 크기의 색종이를 가로로 4등분한 다음, 길고 가느다란 종이 4장을 오립니다. 그 중 하나를 반으로 접었다가 펼칩니다.

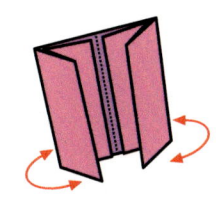

3. 길고 가느다란 종이의 왼쪽과 오른쪽 가장자리를 가운데 선에 맞추어 접은 다음, 바로 접은 선을 중심선으로 삼아 다시 접습니다.

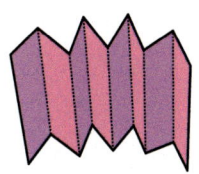

4. 종이를 펼쳐서 지그재그로 접은 자국을 만듭니다.

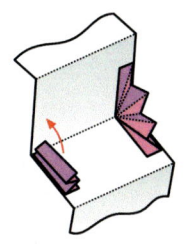

5. 첫 번째 칸과 마지막 칸의 뒷면에 풀칠해서 처음 만들어둔 기다란 종이에 붙입니다.

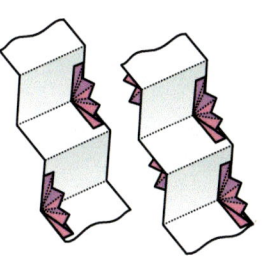

✋ 겟라이팅↓

활용 6
식물, 나뭇가지, 조약돌 같은 자연물을 지그재그로 길게 접은 종이보다 조금 작은 크기로 그립니다. 그림 아래에 '내가 가지고 있는 나뭇가지는 … 같다'라는 식으로 직유법을 구사한 글을 씁니다.

활용 7
부채는 장식 역할을 할 뿐만 아니라 천장에 매달아놓았을 때 책 모양을 비스듬한 지그재그 모양으로 유지하게 해주는 역할도 합니다.

☆ 도움이 되는 힌트 : 곡선 모양을 이루게 한다든가 S자 모양이 되게 한다든가 하는 여러 가지 방식으로 책을 걸어놓습니다.

" 너희들의 이야기를 들려줘 "
아이들과 책 안에 이야기를 담다

● 수업을 하러 가는 길은 처음 아이들과 책만들기를 시작한 8년 전이나 지금이나 긴장되기는 마찬가지예요. 오늘 준비해가는 이 형태나 주제를 아이들이 시큰둥해하며 재미없어 하면 어쩌나, 제 시간에 오늘 준비한 것들을 잘 끝내고 아이들이 한 권의 책을 가져갈 수 있을까, 도저히 이야기가 생각 안 난다며 앉아 있는 아이는 어떻게 이끌어줘야 할까 등등의 수업에 대한 걱정으로 머리가 가득 차거든요.

지난 학기에는 한 초등학교에서 4학년 친구들과 수업을 했습니다. 8주차에 걸쳐서 진행되어서 책만들기의 기초부터 단계별로 차근차근 수업을 할 수 있는 좋은 기회였지요.

긴장된 마음으로 교실로 간 첫 시간에 아이들과 만든 것은 가장 기본적인 '팝업책'이었어요.

아이들은 책을 만들기 전에 물어보지요. "무슨 책 만들어요?" "어떤 거 써야 해요?"라며 오늘 어떤 책을 만들지, 어떤 내용을 써야 할지 말입니다. 그러면 "너희들이 쓸 이야기는 너희 머리 속에 지금 들어 있지. 조금 있다 꺼내 쓰기만 하면 되지요"라고 하면 무슨 말인가 싶어 어리둥절해합니다.

말없이 시작합니다. 종이를 한 장씩 먼저 들라고. 그리고 접고 가위로 오려서 기본 형태인 네모 팝업과 세모 팝업 그리고 입모양 팝업까지 같이 만들어갑니다. 그러면 아이들이 오리고 접었다가 펼쳐지는 과정에서 팝업 만들기에 집중하는 모습을 보이지요. 수업 전에 떠들썩하던 아이들도 "우와~~~!"라고 함성을 지르며 서로 팝업 모양을 가지고 장난치기도 하고, 벌써부터 무슨 모양인 것 같다며 상상해보기도 하며 진지한 모습으로 바뀌어갔지요. 이때 한 마디만 하면 된답니다. "너희 이야기가 나올 준비 다된 거지."

이제 만들어놓은 팝업 중에 한 가지를 정해서 이야기를 만들기로 합니다. 처음 책만들기를 하는 친구들은 이야기를 어떻게 시작해야 할지 잘 몰라 어려워하는 모습이 보입니다. 그래서 한 가지 형태를 가지고 반 친구들과 같이 이야기를 만들어보았어요.

"자, 이게 무엇처럼 보이나요?"
"엘리베이터요."
"택배상자요."
"건물이요."
"로봇이요."
"그래, 그럼 로봇으로 해보자. 그 로봇은 어디에 있을까요?"
"집에요."
"우주선에요."
"공장에요."

처음에는 긴장한 듯하던 친구들도 하나둘씩 이야기가 나오자, 용기가 생겼는지 엉덩이가 들썩일 정도로 일어나서 크게 말해주기 시작했어요.

그렇게 같이 이야기를 나누면서 주제와 장소를 정하고 본격적으로 이야기를 만들어보았어요. 로봇의 이름은 무엇인지, 무엇을 하고 있는지, 누구를 만나게 되었는지, 어떤 일들을 겪게 되었는지 등등 계속해서 다음 이야기로 진행될 수 있는 질문들을 던지다보니 어느 새 생각지도 못했던 재미난 이야기 한 편이 칠판에 만들어졌어요.

"그래 이렇게 하는 거야! 방금 우리가 이렇게 이야기를 만든 것처럼 너희들도 각자 자신만의 재미있는 이야기를 만들고 한 번 써보자"라고 말하자마자 모두들 신나게 쓰기 시작했어요.

그런데 어느 교실이든 어려워하는 친구들은 꼭 있게 마련이거든요. 역시나 이 교실에도 그런 친구가 있어서 옆에서 재미난 아이디어를 조금 제안해주기도 하고, 이야기의 첫 문장을 같이 만들어주었더니 나머지는 어렵지 않게 써나갔어요.

아이들 모두 이야기의 초안을 다 써나갔을 때쯤 되어 다음 단계를 아이들과 또 함께 해나갔지요. 바로 책 속에 그림을 그리는 방법이지요. 조금 전 반 친구들과 함께 만들어두었던 로봇 이야기를 칠판에 그려보면서 "우리 이야기의 이 장면을 이런 식으로 표현하면 어떨까?"라며 예시를 들어주는 거지요. 그러면 아이들도 금세 자신의 책에 만들어놓은 이야기에 맞는 멋진 그림들을 그려냅니다.

이렇게 책의 내부를 다 완성한 다음, 마지막 단계로 표지에 제목과 작가로서의 이름을 쓰고 나서 뒤표지에 바코드를 붙여준답니다. 수업을 마칠 때가 되자 처음 수업을 시작할 때에 이야기 만들기를 쑥스러워하던 친구들도 이제는 자신의 책을 친구들에게 자랑하고 싶은 마음에 몸이 들썩들썩하지요.

"와! 오늘 우리가 책을 너무 멋지게 완성한 것 같아요. 혹시 내가 만든 이야기를 다른 친구들에게 들려주고 싶은 친구가 있나요?"라고 물어보면 기다렸다는 듯이 여기서 번쩍 저기서 번쩍 손을 들지요. 발표자가 앞으로 나와 큰소리로 읽어주자 듣는 친구들도 진지하게 듣고 "와! 나와 똑같은 모양으로 만든 이야기인데 그 이야기도 멋지다!"라고 서로 칭찬해주며 박수를 쳐주었어요. 발표한 친구 역시 부끄러워하면서도 친구들의 칭찬에 어깨가 으쓱으쓱한 모습이었어요. 결국 그날 수업에 발표자가 너무 많아서 발표하지 못한 친구들의 작품은 선생님과 상의해서 교실 뒤편에 전시해주기로 했지요.

이런 모습을 보면서 '짧은 시간이었지만 친구들이 글 쓰고 책 만드는 시간이 즐거웠고 자신의 이야기 속으로 푹 빠져들었구나'라는 생각에 저도 어깨가 으쓱해진 느낌이었어요.

그리고 수업이 끝나고 정리를 하고 있을 때, 한 친구가 와서 조용히 물어봐주었어요.

"선생님, 다음 시간에는 무슨 책 만들 거예요?"

네, 이미 빠진 거랍니다.
책만들기의 세계에 말이죠.

♦ 광명남초등학교 4학년 교실에서 8회 동안 이루어진 "책 안에 이야기를 만드는" 현장의 모습입니다. 특히 책의 이미지를 통해 이야기를 어떻게 만들어가는지에 대한 과정입니다.

이 소 율 (책만들며 크는 학교 연구강사)

🌿 작품에 참가한 어린이들

김 동 연 (대광초등학교 3학년)

박 규 빈 (대광초등학교 3학년)

김 희 재 (대광초등학교 3학년)

김 희 아 (돈암초등학교 3학년)

조 민 정 (돈암초등학교 3학년)

전 서 진 (돈암초등학교 3학년)

8쪽 지그재그 책 템플릿

8쪽 오리가미 책 템플릿

6쪽 오리가미 책 템플릿

| 5 | 4 |
| 2 | 3 |

107

16쪽 성냥갑 책 템플릿

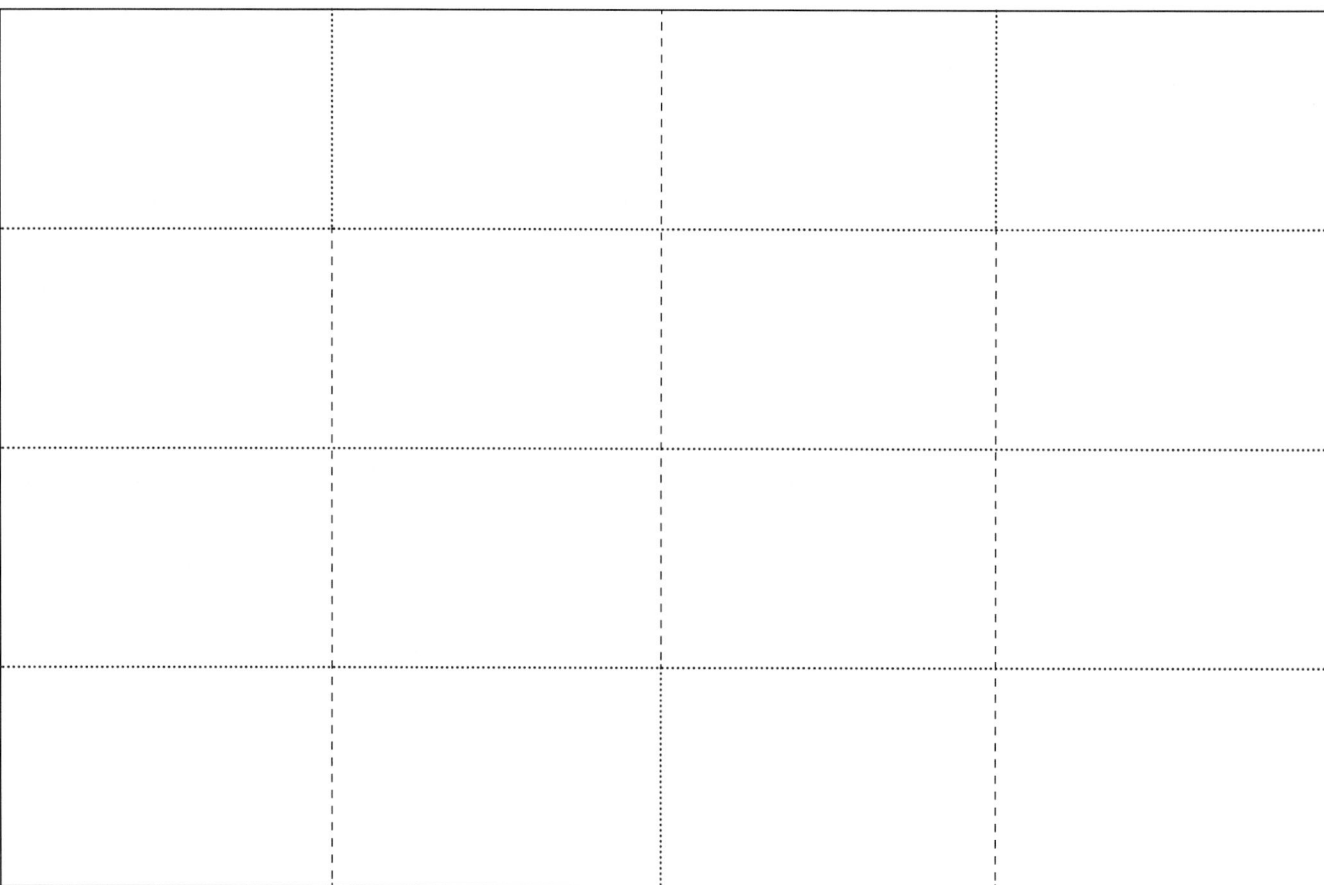

본문

표지

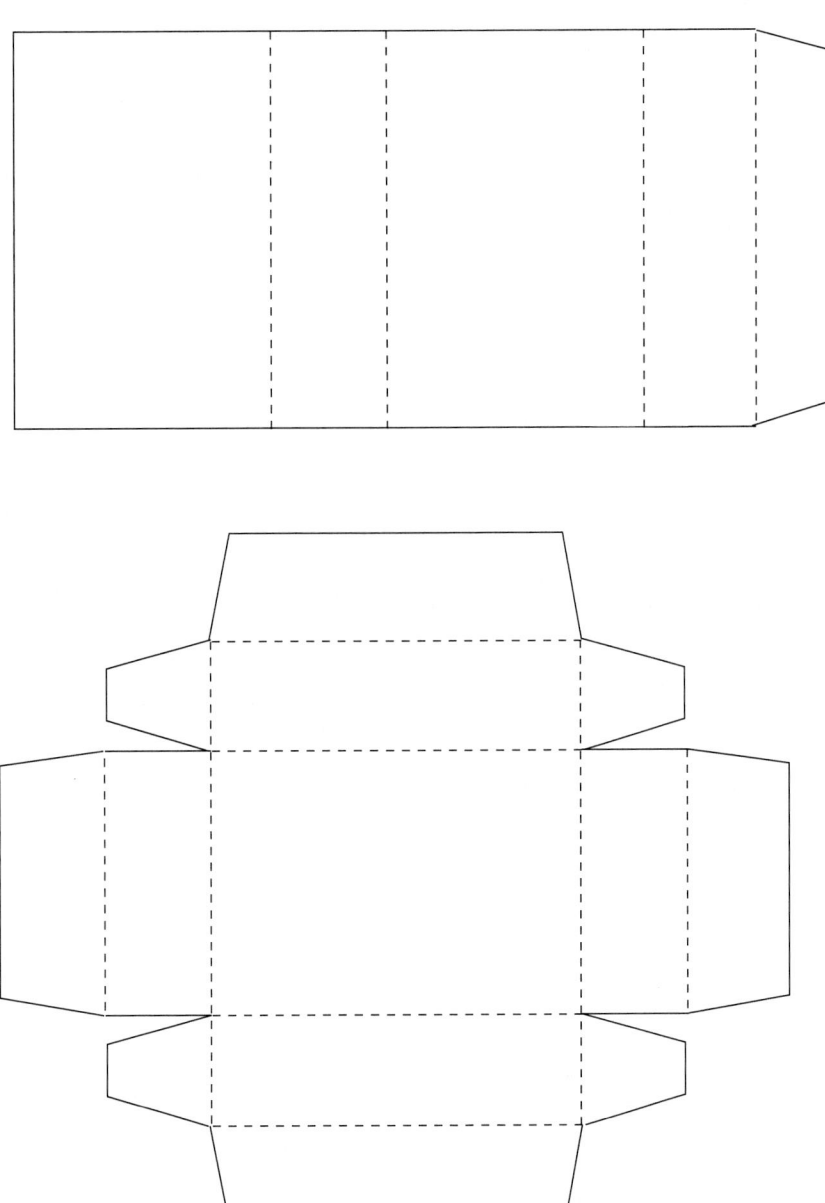

성냥갑

책학교 스토리 | 교실 안에서 책만들기 시작!

◆ 빨간 표지의 'making book'이 가져다준 종이 여행!!

책만들기를 출판사의 전유물로만 생각하던 2000년 세계 최대 북페어인 프랑크푸르트를 가게 되었습니다. 영국의 한 부스에서 빨간 표지의 책 한 권이 눈에 들어왔습니다. Making Book이라는 제목에, 부제는 '아이들과 함께 만드는 팝업북 31가지'였습니다. 그 책을 집어드는 순간, 머리 속에 여러 가지 질문이 스쳐갔습니다. "책을 만든다고?" "그것도 아이들이 책을 만든다고?" "그리고 제대로 보지도 못했던 팝업북을 직접 만든다니?" 그 후 영국의 담당편집자와의 이야기 속에서 '폴 존슨'과 '창의교육' '북아트교육프로젝트' 등 책만들기에 관한 모든 귀한 자료들이 쏟아져 나왔습니다. 그후 마음이 조급해서 부지런히 책만들기 관련서들을 만들어내기 시작했습니다. 많은 선생님들과 아이들이 이 책을 보면 환호할 거 같았습니다. 책을 읽는 것뿐 아니라 한 걸음 더 나아가 직접 책을 만든다니…. 이런 과정을 통해 유초등, 중등 시절을 보낸다면 우리의 아이들 중에 멋진 작가들이 탄생될 수 있다고 생각했습니다. 2001년 메이킹북으로 시작, 2006년 「메이킹북 프로젝트」, 2011년 「메이킹북-교실 안 책만들기 활동의 실제」까지 선생님들이 아이들과 만들 수 있는 '교실 안 책만들기' 지침서들은 이런 이야기 속에 펴내게 되었답니다.

메이킹북
폴 존슨 지음 | 김현숙 옮김 | 값 12,000원

'읽는 책'에서 '만드는 책'으로의 놀라운 혁명!
한 장의 종이로 만드는 31가지의 팝업책에 대해 알려주는 이 책은 어린이들이 책만들기 활동을 통해 창의력, 표현력을 높이는 방법을 담고 있다.

메이킹 팝업북
폴 존슨 지음 | 김현우 옮김 | 값 20,000원

한 장의 종이에 디자인·언어·미술을 담는다
이 책의 원제 '팝업 페이퍼 엔지니어(Pop-up Paper Engineering)'처럼 《메이킹북》에서 한 단계 높아진, '다양한 팝업책 만들기' 방법을 제시하고 있다.

메이킹북 프로젝트
폴 존슨 지음 | 나유진 옮김 | 값 18,000원

상상력 열기에서 글쓰기까지 '나만의 책'을 완성하는 방법!
한 권의 책을 만드는 과정 중에 꼭 필요한 상상력 열기와 계획하기에 대한 아이디어를 제시하고 있다.

메이킹북-교실 안 책만들기 활동의 실제
권성자 지음 | 값 22,000원

메이킹북교육 기초에서 응용, 확장까지 이끌어주는 방법
메이킹북교육을 시작하면서 원리를 알고, 응용하고 확장하도록 정리된 지침서. 원격연수의 교재로 온라인교육과 함께 활용할 수 있도록 꾸며졌다.

✻ 나만의 책만들기 ❶ ❷ ❸ ⓬ ⓳ | 각 세트 값 12,000원(낱권 2,000원~4,000원)

나만의 책만들기 ❶
- 팝업상자책
- 팝업얼굴책
- 나비책
- 솟아오르는 책
- 팝업무대책

나만의 책만들기 ❷
- 회전책
- 회전목마책
- 지그재그책
- 여행 가방책
- 비밀의 문 책

나만의 책만들기 ❸
- 액자책
- 시집 상자
- 여행 팜플렛
- 나만의 비밀 일기장
- 극장책

나만의 책만들기 ⓬
- 오리가미성책
- 아코디언문책
- 탈출책
- 오리가미팝업책
- 삼각형극장책

나만의 책만들기 ⓳
- 아코디언 동물책
- 팝업 궁책
- 팝업 이야기책
- 이중 무대책

책학교 스토리 | 주제가 있는 책, 어떻게 만들까

◆ **보다 다양하게 펼칠 수 있는 책만들기 도전!!**

2001년부터 시작된 책만들기 활동이 교육현장에서 활발하게 이루어지기에는 어려움이 많았습니다. 첫번째는 책만들기 활동이 '조작하기-이야기만들기-글&그림으로 표현하기'라는 과정을 거쳐야하기에 미술시간에 해야하는지, 국어시간에 해야하는지부터 혼란스러워했습니다. 그때 영국에서는 어땠을까하고 궁금해하며 영국을 방문했습니다. 마침 폴 존슨 교수와 영국의 유초등 교사들이 모여 아이들의 창의성을 키워주면서도 교실에서 교과과정과 연결하여 쉽게 수업할 수 있는 '주제가 있는 책만들기' 시리즈를 만들고 있었습니다. 아이들이 표현할 주제들을 '나'와 '세계'를 중심으로 놓고, 25가지씩 정해 형태를 만들고 담아보도록 한 것입니다. 가급적 글과 그림, 디자인 등 표현요소를 담아서 말입니다. 그렇게 '나'를 중심으로 나의 가족과 친구, 동물, 역사를, '세계'를 중심으로 축제와 이야기와 신화를 알도록 한 것입니다. 그런 과정을 통해 「나의 가족과 친구들」「페스티벌」「나의 동물원 이야기」「세계의 옛이야기」「역사여행」「세계의 신화와 전설 1, 2」는 한국에서 2001년부터 2006년까지 만들어졌답니다.

나의 가족과 친구들
폴 존슨 지음 | 김진 옮김 | 값 15,000원

아이들의 일상생활을 멋지게 변화시키는 다양한 팝업책과 카드!

이 책은 영국의 교육과정에서 '읽기, 쓰기 향상을 위한 방법'으로 만들어진 시리즈의 첫 번째 권이다. 일상생활을 바탕으로 내용을 꾸며보게 되어 있다.

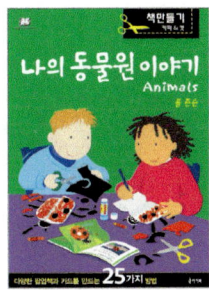

나의 동물원 이야기
폴 존슨 지음 | 나유진 옮김 | 값 15,000원

자연과 동물에 관한 정보와 지식을 얻는 다양한 프로젝트!

동식물들을 관찰하고 자료를 찾아가며 동식물들이 어디서 어떻게 살고 있으며, 무엇을 먹고 사는지를 터득하고, 자신이 조사한 내용을 글로 정리할 수 있다.

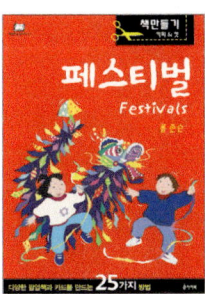

페스티벌
폴 존슨 지음 | 김명옥 옮김 | 값 15,000원

세계문화를 이해하는 첫걸음이 되는 책!

이 책은 강림절, 부활절, 유대 신년제, 부처님 오신 날 등 세계 6대 종교 축제를 주제로 한 내용을 담았다. 따라서 아이들이 세계 문화를 이해하고, 표현하며, 다문화의 이해도를 높이는 데 도움을 준다.

세계의 신화와 전설 1, 2
폴 존슨 지음 | 성양환 옮김 | 각권 값 12,000원

아이들의 손으로 다시 만들어지는 세계의 신화와 전설!

널리 알려진 이야기에서부터 이색적인 문화를 담은 이야기 등을 여러 가지 모양의 팝업책과 입체 모형에 담아보면서 세계 각국의 신화와 전설을 체험할 수 있다.

세계의 옛이야기
폴 존슨 지음 | 나유진 옮김 | 값 22,000원

아이들에게 상상력과 지혜를 전하는 옛이야기!

이 책은 옛이야기 21편을 선별하여, 그것을 바탕으로 다양한 활동을 하고 이야기 속에 담긴 교훈과 지혜, 그리고 다양한 글쓰기 방법을 터득하게 해준다.

역사여행
폴 존슨 지음 | 성양환 옮김 | 값 15,000원

역사 속의 인물과 사건을 만나게 해주는 프로젝트 활동!

어떤 것이 역사가 되는지 알게해주는 기본서. 역사 속의 인물이나 사건, 발명품, 건축물 등이 역사가 된다는 것을 알고 다양한 형태의 팝업책에 담아보게 한다.

책학교 스토리 | 신기한 팝업책을 만들자

◆ **창의체험교육의 완성도를 높이기 위해!!**

책만들기는 한 장의 종이로 이루어지는 활동이기는 하지만 원리를 알고, 조작을 해야 하는 과정이 있기에 짧은 시간 안에 완성하기가 어렵습니다. 책만들기는 아무리 짧은 시간이라도 한 권의 책을 아이들이 만들고 완성해서 자신의 이름을 표지에 들어가게 했을 때 그 의미가 더해진다 할 것입니다. 특히 많은 아이들과 수업을 해야하는 체험교육에서는 더욱더 그렇습니다. 2006년 코엑스에서 열리는 영어체험교육 과정에서 사용하기 위해 개발된 이 팝업북만들기 시리즈는 그 후 다양한 영역에서 사용되어 왔습니다. '독후활동으로 팝업책 만들기' '창의체험수업' '방과후 프로그램' 등등에서 널리 활용되었습니다. 보다 완성도를 높이기 위해 5-6가지 색상과 고급용지를 사용하여 구성하였답니다.

❤ 코끼리책
- 코끼리를 주인공으로 한 동화책
- 코끼리에 관한 사실을 알려주는 정보책

 01

❤ 동물책
- 동물을 직접 그리고 그 동물을 소재로 만드는 동화책
- 각자 여러가지 동물을 만들어 소개하는 책

 02

❤ 가방책
- 소중한 것을 담아보게 하는 활동
- 가방을 주인공으로 한 동화책

 03

❤ 하우스책
- 우리집을 소개하는 책
- '환경'을 주제로 한 활동

 04

❤ 로켓책
- 우주인을 주인공으로 하는 동화책
- 로켓을 타고 여행하는 이야기를 담아보는 활동

 05

❤ 무대책
- 동화책을 읽고, 주인공과 배경을 표현하게 하는 활동
- '내가 주인공이라면' 하고 상상 이야기를 꾸며보는 활동(2권을 연결)

 06

❤ 방꾸미기책
- 내가 소개하고 싶은 방을 꾸며보기
- '우리 집 도서관'을 꾸며보는 활동(4권을 연결)

 07

❤ 배책
- 배에 대한 이야기를 담아보는 정보책
- 모험 여행이야기를 담아보는 활동

 08

❤ 비행기책
- 비행기 구조나 역사에 대해 알려주는 정보책
- 비행기를 타고 가고 싶은 나라를 소개하는 활동

 09

❤ 주인공책
- 멋지게 나를 알리는 소개책 만들기
- 동화를 읽고, 주인공을 소개하는 활동

 10

❤ 카메라책
- 여행이나 견학갔던 곳 이야기 담기
- 카메라에 대한 이야기를 담아보는 정보책

 11

❤ 성책
- 성을 배경으로 한 동화책을 읽고, 중요한 한 장면을 담아보는 활동
- 나만의 성을 만들어보는 활동

 12

❤ 의자책
- 팝업의자를 주인공으로 한 동화책
- 마법의 의자를 주제로 한 상상 이야기책

 13

❤ 숨바꼭질책
- '무엇이 나타날까'를 통한 상상 이야기책
- 땅이나 바다에서 나타나는 동·식물을 소개 하는 책

 14

❤ 기차책
- '기차'를 주제한 한 교통기관 정보책
- '누가 타고 있을까'를 통한 상상 이야기책

 15

❤ 나무책
- 책표지를 만들어 완성하는 '독서 나무책'
- '크리스마스'를 주제로 한 축제책

 16